El Que
Calla Otorga

El Que Calla Otorga

(Reflexiones sobre una época)

Magnolia Izquierdo

Número de Control de la Biblioteca del Congreso de EE. UU.:   2014913668
ISBN: Tapa Dura   978-1-4633-8628-3
                 Tapa Blanda   978-1-4633-8962-8
                 Libro Electrónico   978-1-4633-8963-5

Para realizar pedidos de este libro, contacte con:
Palibrio LLC
1663 Liberty Drive
Suite 200
Bloomington, IN 47403
Gratis desde EE. UU. al 877.407.5847
Gratis desde México al 01.800.288.2243
Gratis desde España al 900.866.949
Desde otro país al +1.812.671.9757
Fax: 01.812.355.1576
ventas@palibrio.com
616572

ÍNDICE

"La Palabra se ha hecho para decir la verdad, no para encubrirla"
José Martí
Escritor y Poeta Nacional Cubano

"Lealtad al país siempre. Lealtad al gobierno, sólo cuando lo merece"
Mark Twain
Escritor, orador norteamericano

"Donde el miedo está presente, la sabiduría no puede existir"
Lactancio
Profesor romano de Retórica

"Los hombres tímidos prefieren la calma del despotismo al mar tempestuoso de la libertad"
Thomas Jefferson
Tercer Presidente de Estados Unidos, uno de los Padres Fundadores

A mi familia

AGRADECIMIENTOS

Sin la Primera Enmienda de la Constitución, la publicación de estas reflexiones personales no sería posible. No en todos los países se puede publicar lo que uno piensa sin estar expuesto a la censura y el encarcelamiento.

Aunque ignorada y amenazada, la Primera Enmienda de la Constitución todavía nos protege, aunque los tiempos actuales no prometen mucho a los que denuncian la corrupción ya sea de un partido o de otro. Lamentablemente el juego sucio y las componendas políticas están presentes en cualquiera de los dos prominentes partidos y los miembros de los dos han ignorado y siguen ignorando el honor a la verdad y a la decencia.

Mi siempre respeto a la Prensa Independiente, que sin compromiso alguno nos hace llegar el verdadero acontecer, sin tapujos ni prejuicios. Ellos son: Truthout, Counterpounch, Alternet, Legitgov, Wikileaks, Common Dreams, RootsAction Team, Zinn Education, POGO, FAIR y otros muchos más cuyos periodistas han renunciado a los salarios ofrecidos por la prensa corporativa y se han negado a venderse al mejor postor con tal de reflejar los hechos del acontecer diario.

A los denunciantes (whistleblowers) que han arriesgado la tranquilidad personal para denunciar las violaciones y corrupción, que han sufrido persecución y humillación y en algunos casos han sido enviados a la cárcel con condenas injustas. Ellos son: **Daniel Ellsberg**, cuya acción me impresionó desde el momento que conocí de los Pentagón Papers; **Michael Hasting**, talentoso y brillante periodista investigativo, que denunció la corrupta vida y dudosa acción militar del General McChrystal durante la guerra de Afghanistan, lamentablemente Hasting murió bajo obscuras circunstancias a la edad de 33 años; **Thomas Drake**, ex analista de la NSA (Agencia de Seguridad Nacional), que perdió todos sus bienes para pagar su defensa; **Julian Asange, fundador de Wikileaks,** que dio a conocer los Archivos de Irak, denunciando las violaciones y abusos del ejército norteamericano en ese país; **Chelsea Manning** (Bradley Manning) joven ex analista del ejército que se encuentra cumpliendo una larga condena por denunciar crímenes de guerra cometidos por militares norteamericanos en Irak, **Jeremy Scahill**, joven periodista, que en su libro 'Blackwater', denunció las atrocidades del ejército mercenario más poderosos del mundo; **Edward Snowden**, ex contratista de la Agencia Central de Inteligencia, analista de Inteligencia con fachada en compañía Dell, que reveló los programas ultra secretos de la NSA (Agencia de Seguridad Nacional) para espiar no sólo a los ciudadanos norteamericanos, sino a Jefes de Estado, líderes de organizaciones internacionales, etc. y quien con un coraje sin precedentes, insistió a los periodista para que su nombre fuera revelado, arriesgando así su vida de por siempre.

No podría dejar de mencionar la Editora Palibrio que ofrece sus servicios para que libros como este mío puedan conocerse y que con paciencia, apoyó y esperó por mí para hacer su publicación posible.

Y por último, pero no el último, a Ricardo, mi esposo, que me ayudó en todo para que yo pudiera dedicar tiempo a organizar las ideas para que este pequeño libro se hiciera realidad.

Nota: Quiero agradecer de corazón a los lectores que adquieran este pequeño libro y se tomen su preciado tiempo para leerlo. Encontrarán el él mis honestas reflexiones. La intención con el mismo es compartir ideas y motivar a otras a que hagan lo mismo, que con seguridad lo harán mucho mejor.

Somos nosotros, los hombres y mujeres del pueblo, el famoso 99%, que debemos tener el control de la opinión publica y ésta es una de las posibilidades que tenemos para lograrlo. Gracias una vez más.

UN DÍA HISTÓRICO

Algo de suma importancia sucederá hoy cuando los resultados de la votación en este 4 de Noviembre se den a conocer en Estados Unidos. Las expectativas, la esperanza y el deseo de una vida mejor para los que aquí vivimos están siendo depositados en cada colegio electoral de la nación.

De esta forma, cada uno de los votantes en Estados Unidos de Norteamérica hacemos uso de nuestro derecho al voto a través de un Sistema Electoral imperfecto y decrépito, que poco tiene que enseñarle al resto del mundo.

Pero he escogido el día de hoy, 4 de Noviembre del 2008, para publicar mi primer blog porque siento el profundo deseo de compartir con otras personas el sueño de lo mejor de mis compatriotas progresistas de poder vivir en una sociedad un poco más humana, educada e intelectualmente más preparada para enfrentar el siglo XXI.

¡El pueblo de Estados Unidos de Norteamérica ha salido a votar! Después de años de apatía, los que pueden influir en cierta medida, solo en cierta medida (recuerden el Sistema Electoral es obsoleto) están decidiendo hoy entre el cambio inspirados por Barack Obama y el viejo estilo de hacer política en Washington.

Los dos partidos principales en EEUU tienen plataformas completamente distintas, cada partido defiende la suya argumentando la protección a la Constitución. Lo cierto es que nunca antes en estos últimos ocho años, se ha visto tan pisoteada la Constitución de los Estados Unidos. Su Primera enmienda ha sido ignorada en infinidad de ocasiones y el sentimiento de estar siendo chequeado y vigilando ha crecido en silencio entre el pueblo de los Estados Unidos que cubierto por el sentimiento de miedo se niega a reconocerlo o a decirlo. Esto último no es una opinión, los hechos hablan y las leyes aprobadas por el Congreso también dan prueba de ello.

El pueblo norteamericano debe crearse un estilo menos consumista y más intelectual. La información y el conocimiento son la base de las buenas decisiones. Debemos ser capaces de saber qué sucede y por qué para que nadie nos pueda engañar con slogans o clichés.

Creo firmemente que una sólida educación intelectual entre los norteamericanos contribuiría a acciones más inteligentes y quizás, por qué no, los anuncios políticos en tiempo de campañas, no fueran tan necesarios, a fin de cuenta están plagados de insultos y falsedades.

Pero…, aquí estamos, a cuatro horas y minutos en que las puerta de los colegios electorales se cierren. Espero que esta vez el resultado no se empañe con demandas y cortes judiciales que no favorecen a la Democracia.

Hoy es un día histórico para el pueblo norteamericano y de importancia vital para el mundo que observa la decisión final.

¡Tengo la esperanza que esta vez la honestidad, la verdad y el sentido común prevalezcan!

Nota: Hoy, al publicarse esta reflexión, vemos con tristeza de que, ya en el poder, Obama no sólo no cumpliría sus promesas de cambio, si no que seguiría lo ya comenzado por la anterior administración. Nuestra realidad actual así lo demuestra.

Se hizo historia

(4 de noviembre del 2008)

En breve el ganador de estas elecciones se dirigirá a la nación americana. El Senador Barack Obama ha sido electo Presidente de los Estados Unidos de Norteamerica. En el momento que escribo estas reflexiones el Senador McCain se está dirigiendo a los norteamericanos, reconociendo al Senador Obama como ganador. Si miramos atrás, muchos años atrás, nunca se hubiera podido pensar que esto sucediera, pero ha sucedido y con ello los EEUU han demostrado que estamos creciendo como seres humanos. Grandes retos le esperan a la administración Obama y a todos nosotros que tenemos que aprender a ser activos participantes y no simples espectadores.

Al mismo tiempo tenemos que ser capaces de ser críticos de nosotros mismos y de nuestros líderes, porque nadie es perfecto y porque el fanatismo no enriquece a los líderes, sino que los deforma, el mundo tiene tristes experiencias del daño que el fanatismo y el conformismo causa a los gobiernos.

Esto es solo el comienzo de un duro camino a recorrer en todos los terrenos, dentro y fuera de nuestro país. Una economía en crisis, una política exterior que ha deteriorado nuestra imagen internacionalmente, una educación que todavía deja mucho que desear, un sistema de salud corrupto e insuficiente serán las mayores dificultades para los líderes de esta nueva administración. El pueblo norteamericano pide a gritos cambios sustanciales y por eso una mayoría abrumadora de nosotros tiene la esperanza de ver esos cambios hechos realidad.

¡Los Estados Unidos de Norteamérica tienen razón más que sobradas para celebrar!

Nota:

Esta reflexión fue escrita, cuando teníamos las esperanzas de cambio. Los hechos y las futuras acciones de Obama distarían mucho de lo prometido por él. La realidad ha sido distinta

Unos pequeños detalles

La prensa independiente publicó un artículo de Barbara Streisand sobre los debates de los candidatos presidenciales por el Partido Republicano.

Se refirió a los argumentos de los republicanos, que con tal de ganar simpatizantes entre los votantes distorsionan los hechos. Aceptó que todo este proceso lleva un poco de actuación, pero los periodistas o moderadores deben actuar profesionalmente cuando los candidatos mienten deliberadamente sin consideración alguna sobre los hechos y la historia.

Con admiración menciona a Walter Cronkite y Edward R Murrow, dos pilares del periodismo norteamericano y con ello resalta la importancia del cuarto poder para ofrecer los hechos tal como suceden sin ataduras ni compromisos.

Aunque encontré el artículo bastante interesante, con la marcada intención de atacar la maquinaria de odio republicana, Barbra Streisand olvidó mencionar que esos periodistas a los que ella exhorta a actuar y a hablar son propiedad de unas cuantas compañías dueñas de cadenas de televisión, radio, cable, prensa escrita y alguna que otra impresora de libros y materiales escolares y que en ocasiones contribuyen financieramente con la campañas de esos mismos candidatos

Esos periodista, si están en esas asignaciones, es porque aceptaron las condiciones impuestas, las orientaciones y las advertencias en caso de que violen lo que aceptaron hacer y decir.

Olvidó también Barbara Streisand que esos mismos periodistas son los que des-informaron sobre las armas de destrucción masiva en Irak, olvidaron intencionalmente citar las violaciones de los acuerdos de Ginebra por parte del gobierno norteamericano en las guerras de invasión y hoy des-informan o no informan sobre los acontecimientos de envergadura nacionales e internacionales. Son los mismos periodistas que van a las conferencias de prensa de la Casa Blanca y no tiene el coraje de enfrentarse al Jefe de Prensa, por temor a ser sacados del juego político.

Los únicos reporteros y periodistas que están ofreciendo la realidad con sentido objetivo en estos momentos en EEUU y respetan los principios periodísticos son los de la prensa independiente y esos no gozan de la aceptación en esos niveles.

Barbara Streisand no se ha dado cuenta que la prensa corporativa no va a ir en contra de sus propios intereses. Olvidó también que a dos comentaristas de MSNBC les terminaron el contrato porque según los jefes de ese canal, "Washington no estaba contento con ellos"

El pueblo norteamericano desconoce lo que sucede en su propio país y alrededor del mundo, porque ya no existe ni vestigio del cuarto poder, que fue reemplazado por los intereses de los monopolios.

Barbara Streisand no se da cuenta que con el interés de descubrir la turbias posiciones republicanas, olvidó mencionar las más recientes jugadas políticas de Obama que entre otras y por citar la más reciente, está la propuesta de uno de los grandes jefes de la compañía Monsanto para una alta posición en la Agencia de Alimentación y Drogas del país.(Monsanto una inmensa compañía que ha cometido y comete abiertas violaciones contra el medio ambiente y la salud de los ciudadanos en el mundo por el uso indiscriminado de insecticidas, acusado de fraude, etc.etc.etc.)

Barbara Streisand olvidó señalar que la prensa corporativa tampoco menciona las protestas en contra de la banca, ni los abusos policiales en contra de ciudadanos pacíficos que protestan los abusos de Wall Street, olvidó también resaltar la larga espera de cuatro años por los cambios prometidos por Obama en muchas áreas y no nos referimos solamente al sector de la economía. La lista sería interminable.

Cuando Barbara Streisand menciona al final de su artículo que el país se está moviendo en la dirección correcta y que es hora de celebrar la verdad, olvidó esos ¨pequeños detalles¨.

LUCHA DE TITANES

(5 de marzo del 2009)

Hace 45 días desde la toma de posesión de Barack Obama. Mucha nieve ha caído desde entonces y la algarabía del ala conservadora del Congreso y sus ricos patrocinadores es pan nuestro de cada dia. Siguen sin recuperarse de la derrota sufrida el 4 de Noviembre y ahora vierten todas sus frustraciones con ataques de todo tipo contra la Administración Obama. A veces suenan tan poco inteligente que uno se pregunta si de verdad son senadores y representantes al Congreso, pero eso sería otro tema.

Obama está decidido a cumplir con sus promesas de campaña y ha dejado bien claro que va a luchar para lograr lo que prometió, porque él se debe al pueblo americano y no a los intereses poderosos.

Esto no significa que este abandonando su idea de bipartidismo, por el contrario, su posición se hizo más que evidente en el día de hoy cuando se reunió para compartir los puntos de vista sobre la reforma de salud que quiere poner en marcha. Estaban presentes, además de miembros del Congreso de ambos partidos, representantes de compañías de seguros de salud y asociaciones médicas, entre otros. Estableció un breve debate y dejo en el ambiente la urgencia de que el pueblo norteamericano no puede seguir con este sistema de salud que lo arruina, además de ser obsoleto y a veces hasta inhumano. Estaba presente el Senador Kennedy, el cual en pocas palabras dejo saber que por mucho tiempo él ha venido luchando por un servicio de salud más justo y mejor sin resultados, pero que esta vez él estaba seguro que se iba a lograr.

Los que se oponen a Obama, el cual ha heredado un inmenso déficit de la administración anterior, unido al descalabro económico que conllevó a la recesión, le están deseando que fracase en lo que se ha propuesto, la razón:América se va a quedar sin gente rica" una idea expresada por una representante republicana por Minnesota, agréguenle a esto otros comentarios de "aspirantes a líder del Partido Republicano" que lo han acusado de destruir "los valores norteamericanos", pero no especifican cuales. Yo asumo que sean los valores de las grandes corporaciones, las cuentas personales de los CEO, etc., etc., etc., o están saliendo a la luz los vestigios de racismo que tiene todos ellos debajo de la piel. Bueno, sea lo que sea, todo esto está pasando a los 45 días de la presidencia Obama y nadie podrá parar su curso.

NOTA: En el momento que se publican estas reflexiones, la ley de Salud aprobada por Obama, está entredicha. Lo que algunos al comienzo pensamos que sería en beneficio para la clase media o en el límite entre media y pobre, en mi opinión no lo es, pues las cuotas de pago mensuales son extremadamente altas, lo que beneficia a los compañías proveedoras de salud.

El programa de salud que esperábamos, denominado en inglés Single Payer (pagador único) que en otras palabras significa salud subsidiada para todos, no se verá con esta Reforma de Obama, porque él se niega a establecer pagos de impuestos a los millonarios que en comparación pagan menos que cualquiera de los ciudadanos trabajadores norteamericanos.

¡DESFACHATEZ!

(16 de marzo del 2009)

Hoy amanecimos con una noticia que nos espantó a todos: "The American International Group" más conocido por todos como A.I.G, pagó en bonos a sus ejecutivos aproximadamente $165 millones. ¡Si esto no es una inmoralidad, díganme entonces qué es!

Con un cinismo y una burla evidentes estos señores han distribuido el dinero de los contribuyentes a derecha e izquierda. Mientras tanto, la pérdida de empleo continua, el pueblo trabajador lucha por salvar sus casas, algunos sin esperanza de poner fin a su pesadilla, y los recortes de presupuesto amenazan con más pérdidas de empleo.

Tanto es la inmoralidad de estos magnates de las finanzas, que el Presidente Obama informó públicamente en horas tempranas de la tarde que el equipo de asesores estará trabajando para tomarse todas las medidas legales posibles para parar los bonos ejecutivos. Pienso que si el gobierno posee un gran por ciento de AIG, éste tiene un arma poderosa para llevar a la bancarrota a este monstruo financiero y así enviar un mensaje claro a los ambiciosos que están oyendo las advertencias del gobierno.

Pero este incidente no es el único bochornoso y cínico. El pasado domingo en el programa de John King "Estado de la Unión", el ex VP Cheney acusó al Presidente Obama de "hacer que los americanos estén menos seguros". Y no sólo eso, defendió lo indefendible como son los métodos de interrogación a los detenidos acusados de terrorismo. Espantosa afirmación, cuando más de una persona ha denunciado públicamente esta violación de los acuerdo de Ginebra, Derechos Humanos y a cuanta ley internacional.

Con su despótica arrogancia, Cheney alega que todos los métodos de interrogación fueron conducidos bajo los principios de las prácticas constitucionales. Me pregunto: ¿de cuál Constitución estaba hablando?

En esa misma entrevista, Cheney defendió a su socio Scooter Libby, que aunque le fue conmutada la pena, sigue siendo ante los ojos de cualquier ciudadano decente, un hombre convicto por haber existido suficientes pruebas para ello.

Y para cerrar con bombos y platillos, calificó a Rush Limbaugh de "buen hombre que sirve un propósito importante" y siguió justificando la guerra de Irak.

Todo esto ha pasado en 24 horas. ¿Cuántas más desfachateces tendremos que escuchar del Partido del NO? Posiblemente muchísimas más, pero éstas serían objeto de otros comentarios.

AIG CAMBIA NOMBRE

(23 de marzo del 2009)

AIG pasó el fin de semana tratando de quitar el letrero de su edificio en el centro de Manhattan y se cree que cambiará su nombre de operaciones por AIU Holdings. Pero parece que los cambios van más allá. Hace unos minutos se ha dado a conocer que los ejecutivos que obtuvieron los exorbitantes bonos, los devolverán.

Pero todavía se necesita mucho mas control en todo lo que se esta haciendo. Los magnates financieros no quieren cambiar la forma de hacer negocios, quieren seguir con las mismas tácticas y estrategias que nos llevaron a esta caótica situación. El Presidente Obama ha dicho en reiteradas ocasiones que su administración no trabajará de la misma forma, pero el problema es que si no se supervisa el modus operandi de los ejecutivos financieros como Bank of America, del cual se corre el rumor, que utilizó la suma de dinero que recibió bajo la pasada administración para costear campañas políticas, van a continuar haciendo y deshaciendo a su antojo.

Da la casualidad que los Republicanos ahora protestan todo este desparpajo del cual ellos estuvieron de acuerdo y más aún, fueron parte. (y algunos Demócratas en el Congreso también, porque los que no se beneficiaron del desbarajuste, fueron testigos de ello, sin levantar ligeramente su voz.) Creo que hay muchas cosas que criticar pero con buenas intenciones, no para envenenar y confundir. Hay Demócratas que han expresados puntos de vista que difieren de los de la Administración Obama. Esas críticas deben ser bien recibidas.

Creo que la única forma que podemos garantizar que los políticos y legisladores, que en un futuro se sienten en Washington, sean los apropiados y capacitados, es cambiando el proceso electoral, donde las personas lleguen a candidatos a las posiciones, no por los amigos con dinero que los inunden de donaciones buscando proteger sus intereses políticos, económicos, religiosos, etc., sino por amplios conocimientos e ideas y no a través de discursos con clichés y promesas que repiten una y otra vez durante las campañas electorales.

Por el momento, "con estos bueyes hay que arar" como solían decirme mis padres y abuelos cuando no se tenía otra opción. Pero en cierta medida, también es responsable el mismo pueblo norteamericano con su apatía en la participación ciudadana y su falta de acción, alegando que la política es cosa de los políticos.

Creo firmemente que de esta crisis todos hemos aprendido más de economía, más de hipotecas, más de prestamos, etc, porque hemos prestado atención a lo que esta pasando en el país y en el mundo. Nos queda ahora romper con esa apatía y esa confianza de país "perfecto" que no necesita de nada ni de nadie para salir adelante. Esa posición no es solo incorrecta, es falsa.

INTELECTO Y CAMBIOS

(11 de abril del 2009)

¿Qué es lo que frena a una parte de la población norteamericana a pensar libre y ampliamente? Esta pregunta me la he estado haciendo casi por 16 anos, época en que adopté Estados Unidos de Norteamerica como mi país de residencia.

Los habitantes de aquí están demasiado apegados a lo obsoleto y retrogrado sin importarle o darse cuenta que ello frena y demora el proceso lógico del cambio.

Un ejemplo de ello es el funcionamiento del sistema escolar, y se agrava en los estados del sur. Aunque la gran mayoría de las escuelas están equipadas con alta tecnología, se exige la presencia de materiales en paredes y pasillos los cuales se ven atiborrados, cumpliendo así con las orientaciones de "gritar el tema del mes o del momento". No obstante lo que se refleja en teoría, lo que mayormente se practica en las aulas y en general en las escuelas es la obediencia ciega e impuesta como es marchar por los pasillos con el dedo indice en la boca como señal de silencio y en ocasiones, algunos maestros asignan a un estudiante para que vigile y reporte del mal comportamiento de otros, convirtiendo a este último en un informante, en vez de promover convicciones.

Se les habla en teoría de Pensamiento Crítico, pero los maestros permanecen en silencio ante orientaciones y/acciones que ellos mismos consideran incorrectas o inadecuadas; se les enseña Tolerancia, pero ven como un tabú a los libre pensadores o por los que no practican ninguna religión, calificándolos como "creadores de problemas"; en temas de salud, la única opción que hasta ahora aparece en los libros de enseñanza para es abstinencia solamente pero temas de sexualidad y relaciones sexuales no están considerados, accediendo a la presiones de los líderes religiosos que a su vez repudian las adolescentes que por falta de información quedan embarazadas; en Historia se omiten o tergiversan los hechos históricos como es el caso del creador del Juramento a la Bandera, la cual se recita cada mañana sin que los maestros se preocupen por conocer sus orígenes, por qué fue cambiada tres veces y ni se preocupan por indagar por qué el autor y su vida no aparecen en los libros que se les dan a los niños desde primaria; en Literatura, las obras en grados intermedios y medios son en su mayoría adaptaciones malas cuyos contenidos son terriblemente deformados y los conocimiento sobre literatura mundial son extremadamente limitados.

No hay forma de crear generaciones educadas y listas para la dinámica de la sociedad, si no se les presentan los hechos de la realidad para que saquen sus propias conclusiones, ese sería el verdadero pensamiento crítico.

La cuestión está en si el Sistema de Educación de Estados Unidos tendrá el coraje para imponerse a los grupos anti científicos, religiosos y a las corporaciones que luchan por la privatización de la enseñanza para promover sus conservadoras agendas. Será capaz Obama de enfrentarse a las limitaciones de los grupos mencionados e introducir en las escuelas el tema como por ejemplo de las células madres que ha encontrado la oposición de muchos maestros porque contradice los postulados de su religión y/o la Biblia no obstante estar probado que su uso presenta la cura para enfermedades, entre otros. ¿Se dispondrá la administración Obama a incorporar en el curriculum universitario para maestros el aprendizaje de un segundo idioma y el dominio de otras culturas?

No rechazo que las escuelas religiosas privadas no incluyan la evolución y/o serios tópicos de ciencias y que enseñen abstinencia solamente, pero en sus escuelas, pero si rechazo que instituciones religiosas e intereses corporativos y organizaciones de caridad con agendas muy propias, quieran implantar esas ideas en los sistemas de enseñanza pública. A fin de cuentas estaríamos aplicando el pensamiento de Thomas Jefferson en su carta respuesta fechada en Enero1ro de 1802 al Comité de la Asociación Bautista Danbury en el estado de Connecticut. (Ver carta: en.m.wikisource.org)

Se debe crear un sistema de evaluación que vaya mas allá de chequear cómo el maestro aplica las técnicas y los programas del momento que se le han orientado, debieran medirse las capacidades del maestro como educador y creador de libre pensadores con personalidad propia. Pero a su vez los directores y sub directores de escuelas, debieran ser maestros experimentados que lleguen a esa posición por sus años de experiencia en las aulas, unido a sus capacidades intelectuales y culturales y no porque pasaron el curso y las pruebas teóricas para certificarse como tal. Lamentablemente encontramos directores de escuela que tiene un pobre récord en el aula dirigiendo a maestros capacitados con 10, 15 y hasta 20 años, que no han dejado el aula porque simplemente aman su profesión y están dispuestos a enfrentar los retos que una clase representa.

Si la recuperación de la economía es una misión ardua, elevar la calidad de la enseñanza en los Estados Unidos es doblemente difícil y dilatada porque hay que revertir muchos dogmas.

Se puede lograr, pero para ello hay que tener un gran poder de decisión y de cambio. Esperemos que ello no quede como otro tema más de campaña.

Nota: Lamentablemente, hasta el presente (5-2014) poco o nada se ha hecho para mejorar la enseñanza en nuestras escuelas, cuyas administraciones han implantado sistemas burocráticos y unos planes de estudio desde escuela elemental hasta la media alta que dejan mucho que desear, revelando niveles de educación que no pueden competir con el resto del mundo.

HELLO, ¿ALGUIEN RECUERDA A HORACE MANN?

(15 de abril del 2009)

La merecidamente criticada ley "Ningún Niño se quede atrás" (en inglés: *No Child Left Behind)* sigue siendo objeto de desavenencias.

A decir verdad, los que nos opusimos a ella desde que se convirtió en Ley en 8 de enero del 2002 cuando el ex-Presidente G.W.Bush la firmó en una escuela pre universitaria en Hamilton, Ohio, seguimos pensando que es un error mantenerla, tanto en el nombre, que tan funestos recuerdos nos trae, como en su contenido del que todavía sufrimos en nuestras escuelas.

A decir por la entrevista que el Secretario de Educación Arne Duncan ofreció recientemente, no hay indicios de cambios sustanciales que nos lleven a creer que habrá una revisión del contenido de la ley que permita un giro que nos distancie de las políticas educacionales anteriores.

Se está hablando de Pruebas Estandarizadas más exigentes y la relación directa de los resultados con la calidad de los maestros. Insisto, como he dejado saber en otros comentarios, que en ocasiones, el nivel académico e intelectual de nuestros maestros en primaria y secundaria son insuficientes, pero asumir que siempre los malos resultados en las pruebas (considerar que estas comienzan a hacerse en el 3er grado en adelante) es total responsabilidad de esos maestros, lo considero incorrecto.

Empecemos diciendo que el sistema de educación de los Estados Unidos no contempla la retención o repetición de grado cuando el estudiante no vence los requerimientos del mismo. Esto quiere decir que curso tras curso, estudiantes de Kinder, 1er y 2do grados son promovidos al grado superior arrastrando las lagunas del grado anterior, por lo que frecuentemente encontramos niños en 3er grado que no saben leer y escribir una oración sencilla, que no saben diferenciar entre un sustantivo y un adjetivo, entre el sujeto y el predicado y no dominan la suma y resta de mas de 2 o 3 dígitos. Pero el horror no termina ahí, si alguien piensa que en 3ro a 5to grados cuando el alumno no vence la Prueba Estandarizada, es retenido en el grado, se equivoca, esos estudiantes siguen pasando a los grados superiores con las mismas o más lagunas que en el pasado.

Si revisamos el proceso de promoción de otros países, vemos que los estudiantes que no pueden leer corrido al finalizar el 2do grado no son promovidos al 3ro. Es penoso, pero los niños se esfuerzan más bajo la supervisión de los padres, los cuales al menos tienen conocimiento de la verdad.

En el presente, los maestros repiten sin parar a los padres cuyos niños tienen dificultades académicas, una idea que para mi es un insulto a la inteligencia humana "su hijo tiene potencial" o "si pone más atención puede lograrlo". Esos padres siguen creídos que sus hijos están aprendiendo cuando los ven promovidos de un grado a otro, llegando a la conclusión años después que no era cierto, pero para esa fecha ya es muy tarde para los estudiantes, que al verse en pre-universitario muy por debajo del nivel que deben tener, deciden abandonar la escuela motivados por el bochorno y creidos que son unos perdedores. Cabe destacar que los propios maestros de grados superiores se quejan entre ellos de las promociones que se les da a los niños cuando están en grados inferiores, pero no lo hacen de forma oficial, sólo en comentarios privados. En mi experiencia, cuando les he preguntado el por qué no lo documentan, expresan que ya lo han hecho y nadie los oye o que tiene temor a represalias por parte de los superiores y/ o perder sus trabajos.

En el presente las pruebas de fin de curso adoptan varios nombres, en Carolina del Norte los llamam EOG, en Florida FCAT y así sucesivamente, porque cada estado tiene el libre albedrío de llamarlos como ellos mejor entiendan. Pero no olvidemos otro detalle importante, los libros de texto son aprobados por los estados, no por el gobierno federal, por tanto el contenido de los mismos y por consiguiente el curriculum que se enseña está en dependencia de la decisión de la política de cada estado, en resumen, la educación está en manos de los políticos y no de los educadores. A esto se une también que los miembros de las Juntas Escolares de cada condado son electos durante las campañas políticas, por consiguiente son políticos locales y no educadores o profesores con experiencia los que están a cargo de las decisiones.

Y mientras la politiquería se impone en la educación, los Estados Unidos que posiblemente invierten en la educación más que cualquier nación rica, alcanzaron en el 2003 el lugar 24 en Matemáticas, 18 en Ciencias y 15 en Lectura entre 29 naciones. El 70% de los estudiantes de 8vo grado no dominan la lectura y el curriculum de Matemáticas de 8vo grado está dos años por debajo del curriculum que se estudia en otros países (PISA report, OECD).

¡Si alguien, al menos revisara los escritos de Horace Mann, el cual con su pasión por la educación avisoró muchas de las errores que se están viendo en el presente!

La educaciónn no puede ni debe estar dirigida y controlada por los políticos, el avance y el progreso académico y cultural de los países no puede depender de las campañas electorales, ni de los tabús de grupos y/o individuos.

El problema de la educación en los Estados Unidos va más allá de los resultados académicos a los que el Secretario de Educación se refirió con tanto énfasis. Necesitamos un cambio de mentalidad total y si ese cambio requiere la confrontación de la Administración Obama con lo grupos tradicionales mediocres del país, los intereses corporativos y agendas privadas, que asi sea, después de todo, los que votamos por el cambio también teníamos en mente la educación del país.

Nota: A la fecha de esta publicación, no se ha efectuado cambio alguno para el mejoramiento del funcionamiento del Sistema de Educación en Estados Unidos, quizás todo lo contrario.

¡LA TORTURA ES ILEGAL!

(23 de abril del 2009)

Oir a algunos políticos dudar que los métodos de interrogación, que se han estado aplicando desde el 2002 bajo y con la aprobación de la administración Bush a los detenidos acusados de terrorismo, no constituyen tortura, es vergonzoso.

El Representante republicano por Texas en el show de MSNBC "Hardball con Chris Matthews" con un juego de palabras, negó la tortura con el argumento de que las llamadas "técnicas de interrogación" eran conducidas por profesionales y supervisadas por doctores y que al final arrojaron resultados positivos porque se obtuvieron confesiones necesarias. En resumen y en pocas palabras:DEFENDIO LA TORTURA, qué inmoral, un miembro del Congreso de los Estados Unidos ha negado en la televisión nacional que la fotos barbáricas de Abu Grahib, algunas de las cuales recorrieron el mundo, son prueba clara de tortura. ¡Qué alguien me diga si esa posición es ejemplo de DEMOCRACIA!

Más y más el bochorno ensombrece la defensa a los valores democráticos y familiares de que tanto alardean algunos políticos a la hora de oponerse a todo lo que huele a avance, desarrollo y prosperidad, en fin, a todo lo que huela a CAMBIO.

Igualmente penoso, es que haya gente de pueblo que exprese duda y confusión sobre el tema, como es el caso de una conocida que es maestra de escuela, la que me expresó que ella todavía creía que los sospechosos de terrorismo se merecen ser torturados a fin de obtener cualquier información que pudiera ser utilizada por las autoridades para proteger el país.

Esa posición viniendo de un educador es para aterrorizar a cualquiera.

Es increíble que se haya politizado tanto el tema de la tortura, que se olvide que es algo superior a la política y a las interpretaciones. La tortura es ilegal y por tanto inadmisible y los que ordenan su aplicación y la aceptan deben ser juzgados, no debe haber ningún tipo de duda al respecto.

Todo lo otro que se diga para justificarla son falacias y mitos, y debe ignorarse.

El gobierno de los Estados Unidos miente, cuando dice que en los Estados Unidos no se tortura.

Todos los que intentan cubrir los hechos, ya sean republicanos o demócratas, están faltando a los principios de la Carta Universal de los Derechos Humanos, a la Convención contra la Tortura y Otros Tratos o Penas Crueles, Inhumanos o Degradantes, adoptada el 10 de Diciembre de 1984 y más que todo, están faltando a los valores de la Democracia de la que tanto alarde hacen cuando quieren darle lecciones al resto del mundo en el afán de demostrarle que nuestra sociedad es la mas civilizada y perfecta. Si no se toma acción legal ahora, teniendo como base los documentos que existen para probar esos vergonzosos hechos, habremos perdido la oportunidad de enviarle a las nuevas generaciones de norteamericanos el verdadero mensaje de valores morales y a la vez de redimirnos ante el resto de la humanidad por las atrocidades cometidas.

Nota: cuando se publican estas reflexiones, la Administración Obama, no sólo no ha rectificado esa política, sino que la ha extendido con el envío indiscriminado de drones que está confirmado, asesinan a civiles inocentes. Obama igualmente trata de silenciar a los que han revelado las pruebas de la tortura, como es el caso de John Kiriakou, ex analista de la Agencia de Inteligencia, oficial de caso. Fue el primer oficial del gobierno que denunció la tortura por ahogo o waterboarding. Sentenciado a 30 meses en prisión en enero del 2013.

En esto no coincidimos, Presidente Obama

El pasado Jueves, día en que el Presidente Obama anunció que no autorizaría la publicación de las casi dos mil reveladoras fotografías de prisioneros espantosamente torturados, puedo decir que quedé en shock. No podía creer lo que estaba viendo y oyendo.

En un cambio inesperado, el Presidente, el mismo que nos prometió cambios para lograr una mejor imagen de los Estados Unidos ante el mundo, argumentaba su decisión por razones de seguridad de las tropas, y para evitar el incremento de ataques contra cualquier presencia norteamericana en el extranjero. Explicó que el contenido de las fotos eran realmente ofensivo y que provocarían una reacción antiamericana. Diciendo esto estaba aceptando de hecho las violaciones cometidas por las tropas estadounidenses en los países ocupados.

Piensa el presidente Obama que ocultando las fotos de la mirada pública, pudiera ocultar la barbarie de la que ya el mundo entero habla cuando mencionan que las autoridades militares y de inteligencia de los Estados Unidos han estado torturando. Tan bochornoso es la tortura por si, como el hecho de ocultar que se ha aplicado. Y esta responsabilidad recae en Obama por pasar por alto los hechos y no llamar a una investigación

Penosamente esta decisión contó con el apoyo de los miembros del congreso que no emitió desacuerdo alguno al respecto.

Ocultando las fotos, se ocultan muchas cosas más, se oculta y protege a los culpables, y se les envía un mensaje de impunidad a las tropas que muchas veces no tienen idea de por qué y para qué están en en Irak. Y para los que piensan que los soldados van a luchar para defender la democracia, acepten de una vez que ésta fue iniciada baja falsas pretensiones y como otras, es una guerra intervencionista.

Para los que hemos depositado la confianza y la esperanza en los cambios prometidos, ha sido una gran decepción y nos ha ofendido en lo más profundo, porque la decisión es incorrecta y política y moralmente repudiable.

No obstante la decisión del presidente Obama, seguimos insistiendo que la tortura es ilegal, los que la cometen deben ser juzgados en tribunales, de la misma forma como fueron encausados los criminales de guerra de la Segunda Guerra Mundial en el tribunal de Nuremberg.

La humanidad no debe dejar impune ningún acto cruel o degradante como fueron los juicios de Salem, la Gran Inquisición, los crematorios de Dachau, la prisión de Abu Grahib, el Gitmo de Guantánamo (territorio USA), el atentado contra el edificio federal de Oklahoma, los crímenes racistas por la supremacía blanca y otras acciones violentas. La forma en que las autoridades obtienen la verdad durante los interrogatorios, marca la diferencia entre los que se pueden llamarse seres humanos y a los que no.

Nota: Esta acción de Obama marcaría su política exterior y su política interior, nada que ver con las promesas y los méritos que lo hagan merecedor del Premio Nobel de la Paz.

Para la fecha de esta publicación ya Obama había mostrado su verdadera agenda.

EL FIN DEL DESASTRE

(2 de junio del 2009)

Si alguien ha puesto amor y pasión a la problemática de General Motors, es Michael Moore. Su padre y otros familiares trabajaron y se retiraron con esta companía, ubicada en Flint, Michigan, lugar que lo vio nacer.

Para aquellos que no lo conocen en detalles, Moore es realizador de documentales y escritor estadounidense, crítico activo de las grandes corporaciones, de la guerra de Irak y del gobierno de G.W. Bush. Ganador del premio Oscar al mejor largometraje documental 2002 "Bowling for Columbine"; Festival de Canes, Palma de Oro 2004 "Fahrenheit 9/11; Premios Emmy, Mejor Serie Informativa 1995" TV Nation."

Recuerdo que vi algunos programas de la serie, en 1994 0 1995, uno o dos años después de haber llegado con mi familia a EEUU, y fue mi hijo menor de 12 años el que me recomendó verlo, pues su producción era no convencional, sin compromisos y criticaba ampliamente los abusos cometidos por los gerentes, al igual que las actividades corruptas a todo nivel. Lo que llamaba la atención en cada episodio era su determinación y su capacidad de coleccionar los hechos y probarlos para desmantelar a los denunciados.

Era realmente impresionante. Nunca fue bien visto por las grandes corporaciones y mucho menos lo es en el presente.
Se arriesgó a ir a Cuba, desafiando la prohibición del Departamento del Tesoro de EEUU. Allí en la isla firmó parte del documental SICKO. En él se denuncia el sistema de salud estadounidense y le da una visión al

pueblo norteamericano de cómo estos servicios funcionan en otros países, como Inglaterra y Canada. La derecha lo acusó de socialista y comunista (dos palabras que aun son temidas aquí desde la época del Macarthismo) ¿¡Se imaginan ustedes Inglaterra y Canada comunistas!? ¡quién lo iba a decir!

Hace 20 anos con su documental "ROGER AND ME", advirtió y denunció lo que se venía haciendo en General Motors, pero se impusieron la fuerza y el poder como siempre de las corporaciones y políticos corruptos y no pasó de otro documental más.

Ayer, en un articulo que Michael Moore publica en su pagina web titulado "Adios, GM" (Goodbye, GM), le hace muy válidas sugerencias al presidente Obama donde nos recuerda a todos que a diferencia de la época de FDR, vivimos en otra clase de guerra, la que se ha venido desarrollando contra el ecosistema y que tiene dos frentes, uno localizado en Detroit, donde se encuentran GM, Ford y Chrysler que producen (cita de M.Moore)" las mejores armas de destrucción masiva, responsables del calentamiento global y el deshielo en nuestras zonas polares. Las cosas que producen, que llaman carros, son muy agradables de manejar, pero son dagas que se clavan en el corazon de la madre naturaleza. Y el otro frente son las compañías de petróleo que de forma despiadada sacan lo que hay debajo de la tierra." (fin de la cita)

Y señala Michael Moore que 100 años atrás, los fundadores de General Motors anunciaron al mundo que era el momento de dejar las carretas y caballos y experimentar con unas nuevas formas de transportación. Hoy vivimos en otro siglo y es tiempo de comenzar una era en beneficio de la humanidad y el planeta.

Y EN PLENO SIGLO XXI

(23 de junio del 2009)

El 1ro de Diciembre de 1955, (exactamente 54 años atrás) en Montgomery, Alabama, Rosa Park se negó a ceder el asiento en el ómnibus en que viajaba a un hombre blanco y fue arrestada por violar la ley vigente en aquel tiempo. Esta acción marcó un momento trascendente en la historia de los derechos civiles en EEUU.

Parecería que pasada más de la mitad de un siglo, las cosas debían ser mucho mejor con relación al racismo y la descriminación en EE.UU., pero desafortunadamente los hechos muestran lo contrario. No es como en el pasado (sería el colmo) pero no está al nivel que debería estar, si tenemos en cuenta todo lo que sucede diariamente, a cada minuto y que la prensa corporativa deliberadamente no comenta.

Puede parecer increíble, pero una gran parte de la población norteamericana desconoce la existencia de la organización legal no lucrativa "Southern Poverty Law Center" (SPLC). Fundada en 1971 por Morris Dees y Joseph Levin Jr. y Rosa Park como co-fundadora, está localizada en Montgomery, Alabama.

Desde su creación ha representado víctimas de discriminación y ha tratado en corte importantes casos contra las actividades del Ku Klus Klan desde 1979. Los más notables han sido los casos denunciando los actos violentos y de odio de organizaciones de la supremacía blanca como "El Partido de los Patriotas Blancos", "La Iglesia del Creador". "El Imperio Invisible", "Caballeros del KKK", "Caballeros Cristianos del KKK", "Los Klans Imperiales de America", entre otros.

En 1983 por su trabajo en el SPLC, el grupo de supremacía blanca "La Orden" lo amenazó de muerte al igual que al comentarista radial de

Colorado, Alan Berg, el cual fue asesinado saliendo de su hogar (poca cobertura le dio la prensa a este crimen cometido por terroristas nacionales) Berg era el # 2 en la lista para morir, Morris Dees es el #1. Ese mismo año, el Klan colocó una bomba en el centro, destruyendo toda la documentación del mismo. Varios miembros del Klan fueron acusados y ellos mismos se identificaron responsables de la acción.

En el presente la labor de Morris Deed y el SPLC continua tan activa como siempre identificando y denunciando los grupos terroristas de odio y organizaciones racistas. Parte de la actividad del SBLT fue la creación de la "Pared de la Tolerancia" en Montgomery, en la cual aparecen los nombres de todos los que creemos en ella como única opción de coexistir.

Lamentablemente, después de 54 largos anos de lucha por los derechos civiles, el respeto y la tolerancia por parte de algunos miembros de la sociedad norteamericana, somos testigos de crímenes inimaginables en nombre de los supuestos valores morales blancos y de la fidelidad a la religión que practican.

Tal es el caso del asesinato del Dr. David Gunn a manos de Michael Griffin en 1993 en Pensacola, Florida. Gunn trabajaba en una clínica de realizar abortos. En 1992 y 1993, Shelly Shanon incendió y dispersó ácido en al menos 10 diferentes clínicas de aborto en los estados de Oregon, California, Idaho y Nevada. En 1993 fue a Wichita, Kansas y con una pistola automática le dispara a los brazos al Dr. George Tiller, al salir de la clínica de aborto donde trabajaba y finalmente después de tantos crímenes cometidos fue condenada y una vez en la cárcel expresó su apoyo a otro asesino de doctores de aborto, Paul Hill que acabó con la vida del Dr. George Britton y una asistente de 74 anos de edad. Un tiempo más tarde una bomba fue colocada en otra clínica de abortos en Alabama por Erick Rudolph, matando a un guardia de seguridad. La lista es muchísimo más larga y haría interminable este comentario. Esos actos aunque la prensa casi ni los ha mencionado, son actos terroristas cometidos por nacionales en su propio país.

Pero no podemos dejar pasar los más recientes crímenes de odio en este 2009, el asesinato de Dr. George Tiller, el mismo que fue herido en sus dos brazos en 1993, esta vez fue asesinado con un disparo fatal, y el atentado contra el Museo del Holocausto en Washington donde murió un guardia de seguridad. Esta última acción cometida por un conocido miembro de la supremacía blanca, antisemita y activo miembro de organizaciones que niegan la existencia del Holocausto.

Algo que debe constituir un bochorno, además de los crímenes en sí, es que ya nadie habla de ellos; fueron crónica amarilla en el momento que ocurrieron, pero nada más que eso. Y alguno que otro comentario y artículo uno o dos días después.

Ni un miembro del Congreso, ninguna institución religiosa que tanto proclaman el amor, la comprensión y la caridad, se han pronunciado pública y abiertamente contra estos crímenes.

Es hora que los miembros del Congreso dejen sus compromisos personales y/o creencias individuales y convoquen una seria discusión sobre el tema del racismo y la intolerancia que existen EEUU y que se realizan en nombre de los famosos valores morales norteamericanos, (de los cuales se han adueñado los conservadores de los dos partidos), y de las instituciones religiosas (que cada día tratan más y más en involucrarse en decisiones de gobierno para ver protegidos sus intereses particulares, ignorando que los crímenes cometidos por algunos de sus feligreses constituyen actos de terrorismo).

Mientras la sociedad norteamericana no comprenda que estas realidades son la muestra de un atraso e ignorancia, no se eliminarán estas acciones violentas

Es hora de que todos estos actos de odio sean amplia y públicamente denunciados censurados y repudiados por las autoridades políticas y del orden, sin importar a que organizaciones, religiones y/o jerarquía social pertenezcan los que los cometan, porque sencillamente, la doble moral debe tener un limite y la decencia debe prevalecer para poder decir que vivimos de verdad en una sociedad democrática y civilizada.

EL REY DEL POP HA MUERTO

...y el mundo entero le rinde homenaje. Siempre he tenido la impresión de que cuando alguien muere, la gente trata de pintar una imagen positiva del fallecido que a veces contradice la realidad de su vida, quizá por pena con los familiares, tradición u otras razones.

Pero el Jueves 25 de Junio, al darse a conocer la inesperada muerte de Michael Jackson, el mundo entero se sintió golpeado y dolido por la noticia y decidió recordarlo transmitiendo su música, con programaciones especiales dedicadas no solo a su creación artística, sino a su sentido humanitario demostrado en los millones donados a más de 35 organizaciones alrededor del mundo, más que ninguna otra celebridad, y lo que es más importante, sus fan se personaron frente al hospital donde ya yacía sin vida para demostrar su pesar. La estrella dedicada a él en el Boulevard de Hollywood permanece cubierta de flores y las programaciones de radio y televisión tres días después, siguen ofreciendo programaciones especiales con entrevistas a todos aquellos que lo conocieron.

Para mi la obra musical de Michael Jackson esta muy vinculada a un amigo y director cubano de televisión, Eduardo Cáceres Manso (Cachito), el fue el primero en dar a conocer a los televidentes uno de los primeros videos de MJ a través del programa Colorama hace mucho más de 20 anos.

La música y videos de Michael Jackson trascendieron las generaciones, revolucionaron la forma de crear y ver televisión dejando un sello imborrable.

Y es así como hay que recordarlo, por su talento y por lo que ello significó para el mundo artísitico, todo lo demás relacionado con los altibajos de su vida privada pasan a un segundo plano.

Triller, Blanco y Negro y muchos más, han quedado en la memoria de todos y eso es lo que hoy recordamos y es así como se seguirá recordando.

¡EL REY DEL POP HA MUERTO Y EL ARTE HA PERDIDO UNO DE SUS MAS VALIOSOS EXPONENTES!

LA REFORMA DE SALUD Y LA INMORALIDAD DE LOS DEMOCRATAS

En comentarios anteriores ya había mencionado el desastroso estado del servicio de salud en EEUU. Esto puede parecer asombroso para algunos lectores que no conocen las interioridades de las compañías de seguro médico y el impacto monetario que deja en las familias que pasan por el penoso camino de un largo tratamiento o una cirugía. Pero en este comentario no hablaré de esta catástrofe, sino de otra más grande y bochornosa que es la inmoralidad y falta de ética de algunos demócratas en el Congreso.

Si algunos pensaron que la presencia mayoritaria de los demócratas en el Congreso iba a significar la introducción de cambios sustanciales y beneficios amplios para la mayoría en la sociedad norteamericana, se han quedado con los deseos.

Durante la pasada campaña electoral, muchos demócratas que aspiraban a distintas posiciones en diferentes niveles tales como condados, distritos, estados y congreso, se cubrieron trás las ideas de cambios en los servicios de salud que Obama ofreció en su campaña.

Pero la cosa no es tan fácil como muchos imaginaron, una considerable parte de los senadores demócratas son extremadamente conservadores, ven a los liberales como un peligro y están más apegados a las tradiciones culturales de sus padres y abuelos que a la Constitución.

Para agravar más la situación, estos políticos, por los que algunos votaron esperando de ellos la toma de posiciones progresistas, tienen otro gran defecto: están comprometidos con los que costearon sus campañas electorales. ¿Y quiénes son estos acaudalados personajes que contribuyeron con miles y millones para llevarlos a un puesto en el Congreso?, pues ni más ni menos que las grandes Compañías de Seguro Médico y Farmacéuticas con los que están comprometidos hasta los tuétanos.

Las encuestas llevadas a cabo en los últimos meses han arrojado que la abrumadora mayoría de los trabajadores norteamericanos están pidiendo a gritos una reforma que garantice la salud publica para todos y parecería que nada más fácil para los políticos que ofrecer a la gente lo que la gente pide, pues no habría que preocuparse de encontrar ninguna oposición popular. La cosa es que la meta de los legisladores no es cumplir con la petición del pueblo, lo que les interesa es cumplir con los compromisos que adquirieron con los que hicieron grandes aportes para llevarlos a los asientos que hoy ocupan en el Congreso. Eso explica por qué algunos de los demócratas que mencionaremos a continuación, se han aliado a los republicanos más conservadores y han decidido oponerse al Proyecto de Salud Pública expresando absurdas dudas y extraños argumentos. Yo por mi parte tengo dudas en varias áreas porque no es lo que me imaginaba que sería la reforma. Considero que las compañías aseguradoras, se seguirán enriqueciendo, pero al menos debe existir un debate al respecto.

Los políticos demócratas en el Congreso que han expresado la vergonzosa y corrupta oposición a la propuesta de reforma de salud son: Mary Landrieu de Lousiana, Ron Wyden de Oregon, Dianne Feinstein de California. Kent Conrad de North Dakota. Ellos han negado categóricamente, cuando se les ha preguntado al respecto, que sus opiniones estén basadas en los intereses de sus contribuyentes a sus fondos de campanas.

La cuestión está en que si la reforma de salud no pasa ni en la casa de representantes, ni en el senado por la falta de votos demócratas, será única y exclusivamente responsabilidad de ellos y esta vez quedará claro que clase de políticos forma el Congreso de EEUU.

Esta situación nos hace estar 100% de acuerdo con un comentario de Bill Maher, crítico y comediante, que expresó en su programa *"Real Time with Bill Maher" (Tiempo real con Bill Maher)*, el dijo de forma magistral y cito textualmente con traducción: "La gente esta diciendo que hace falta un tercer partido, nosotros no necesitamos un tercer partido, necesitamos un primer partido…Y continua "Y por mas de 30 años, los Demócratas se han movido hacia la derecha y la derecha se ha mudado para un hospital de dementes", fin de la cita.

Desgraciadamente la realidad que estamos viendo no deja espacio a la duda, con demócratas como estos, no se necesitan congresistas de derecha.

Nota: En el presente 2014, sigo pensando que la reforma de salud aprobada por Obama es deficiente e incompleta, a través de la cual, los proveedores de salud comienzan ya a tener más ganancias, debido a la cláusula que requiere de forma mandatoria contar con un seguro de salud, por el cual deben pagar mensualidades astronómicas. Todo esto porque Obama, una vez más, no tuvo el coraje de garantizar un servicio gratis para todos costeado por el gobierno y proveniente de los impuestos cargados a las compañías multimillonarias. Tal parece que alguien de sus ineptos consejeros de la Casa Blanca le murmuró al oído que eso olía a socialismo y eso no es bueno para sus buenas relaciones con los monopolios.

¿IGNORANCIA, ESTUPIDEZ O LAS DOS?

(11 de agosto del 2009)

La falta de conocimiento sobre el desarrollo y logros de otras culturas y pobre educación sobre ellas, han ayudado a que algunos norteamericanos acepten su cultura como la superior. Ese fenómeno es lo que los estudiosos, filósofos e historiadores estadounidense han llamado "El excepcionalismo Americano" Esto no significa negación o desdén por la infinidad de logros acumulados por cientos de años. Pero hay una realidad indiscutible, a veces a la mayoría del pueblo "los árboles les impiden ver el bosque"

Debido a ello se explica también cómo Sarah Palin apareció como por arte de magia en una candidatura de vicepresidente por el Partido Republicano. Sara Palin fue objeto de bromas, chistes y hasta una película se hizo que reflejó parte de los detalles, fabricaciones para prepararla para debates y presentaciones. No obstante ello, siempre mostró su falta de conocimientos, de preparación política y de seria base cultural. Esa es la misma Palin que no cree en el Calentamiento Global, que insiste en que fuerzas sobrenaturales la llevaron a su posición política y que no pudo ofrecer respuestas inteligentes sobre política nacional o internacional.

Ello también da una idea de por qué el estado de Carolina del Norte tiene la representante al Congreso, Virginia Foxx. Pero no me asombra que la Foxx sea representante en un estado donde solo 1 de 4 puede nombrar las cinco libertades mencionadas en la Primera Enmienda a la Constitución y el 30% no sabe lo que es el Holocausto (Prensa Asociada, 1ro de Marzo del 2006). Y esta ignorancia explica por qué la administración Bush pudo mentir a la población sobre la posesión de armas de destrucción masiva para justificar la invasión e intervención en Irak, la misma población, cuyo 46% en el 2006, creía todavía que Saddam Hussein estaba vinculado con los ataques de Septiembre 11. (Zogby International Pool)

Scott Simon, reconocido escritor, humorista y reportero citó un dialogo entre el Gobernador de Illinois Adlai Stevenson (1949-1953) y uno de sus simpatizantes, el cual le gritó:
"Gobernador Stevenson, todos los que pensamos, estamos con usted" a lo que el gobernador contestó: Eso no es suficiente, necesitamos la mayoría".(fin de la cita).

Dada la actual crisis de conocimientos, debe ser la prensa oficial la que debe contribuir y comentar sobre la necesidad de desarrollar el intelecto. Sólo unos cuantos se han atrevido a hablar de ello en artículos y libros como son Thomas Friedman, Rick Shenkman y Charles P. Pierce en libros publicados y más recientemente Keith Olberman y Ed Shultz, ambos conductores de sus respectivos shows en el canal de television MSNBC.

Cuando contemos con una sociedad más ilustrada, menos fanática, distante del fundamentalismo, no habrá espacio para los Rush Limbaugh, Pat Roberston, Jame Dobson, Virginia Foxx, Sara Palin y otros que tanto denigran la imagen de nuestra sociedad. Y entonces, podremos conversar sobre cultura y educación al mismo nivel con el resto del mundo.

Nota: En el momento de esta publicación el conductor y periodista Keith Olberman ya no trabaja en MSNBC por desavenencias con la directiva del mismo. Tampoco se ha avanzado mucho en el tema de este comentario en seis años de Administración Obama.

Se necesitan más Alan Grayson en el Congreso

(10 de abril del 2009)

Los demócratas en el Congreso, que entre otras cosas son mayoría aunque no lo parece, han demostrado ser excelentes diplomáticos y cada vez menos fieles representantes de los electores.

Tratan de lucir bien calmados frente a las cámaras de televisión, haciendo alarde de sus conocimientos teóricos del tema en cuestión, pero en realidad lo que hacen es jugar a los políticos.

Por supuesto, siempre hay excepciones a la regla, que no menciono hoy aquí para no cometer el error de dejar fuera de la lista a aquellos que gozan de mi respeto por su siempre digna actitud ante temas como la invasión a Irak y/o la despreciable Ley USA PATRIOT (no confundir PATRIOT que es una sigla y no tiene nada que ver con patriota ni en Inglés ni en Español)

La diplomacia en el Congreso está destruyendo a América. La constante búsqueda de consenso tratando de pasar esta y aquella resolución o legislación es una gran burla a las necesidades y desesperaciones del pueblo norteamericano.

El pasado septiembre, el representante Alan Grayson, Demócrata por la Florida, usó de la palabra en el piso del senado y con breves palabras definió las verdaderas intenciones de los que se oponen a una reforma de salud, diciendo y cito con traducción: "el plan de los republicanos para el pueblo norteamericano es simple -no se enfermen y si se enferman, mueran rápido". - fin de la cita-. Para un Congreso no acostumbrado a oír verdades y para una prensa en espera de la pasividad de éste, Alan Grayson se convirtió en el comentario de la semana. Algunos demócratas pusilánimes, como el Congresista Rockefeller por West Virginia, se negó a comentar sobre las palabras de Grayson cuando se le preguntó, una buena forma de evadir el compromiso con la verdad, para seguir nadando en las dos aguas.

El representante Alan Grayson definió sus palabras como lo que todo el mundo piensa, pero nadie se atreve a decirlo.

Para los que apoyamos a Obama en sus promesas de campaña, queremos ver más cambios a sabiendas que estos no son fáciles en una nación, donde gran parte de la población está acostumbrada a las tradiciones, con frecuencia repite que no se involucra porque no le interesa la política, que está mal informada y cuya educación de aceptación fundamentalista la lleva a evitar la confrontación y disentir de la autoridad establecida.

Pero los que votamos por los cambios, seguimos esperando por ellos como se nos prometió y lo único que vemos en la Casa Blanca son señales de cautela.

El Presidente Obama debe empezar a oir las voces de los Congresistas que llaman las cosas por su nombre, desmantelando así la maquinaria reaccionaria y empezar a dejar la condescendencia con los que no sirven a los intereses de la nación, no importa quienes sean o cuan ilustres sean sus apellidos, porque fuimos nosotros los que lo llevamos a la Casa Blanca y es con nosotros con los que él hizo el compromiso de cambios.

Desde aquí, este mi modesto blog, envió mis respetos y saludos al Representante Grayson en nombre de todos los que queremos una mejor America!

Nota: Al momento de publicarse estas reflexiones, las promesas de Obama se han hecho sal y agua en todos los sentidos y ha tomado decisiones que constituyen la continuación de una era de guerra y corporativismo.

¡SALVEMOS NUESTRO PLANETA!

(10 de octubre del 2009)

Los habitantes del planeta debemos actuar de inmediato para salvarlo. El cambio climático no es una farsa, ni un invento de algunos. Es una realidad comprobada con fenómenos, que aunque no nos demos cuenta, suceden todos los días.

La mutación y extinción de algunas especies son la prueba evidente. Los fenómenos naturales que nos sorprenden con más frecuencia cada vez están demostrando que algo no anda bién con el clima en la Tierra.

A ello se le ha llamado Cambio Climático.

Hoy 15 de Octubre, nos hemos unido todos los que tenemos la oportunidad de comunicarnos a través de la Internet haciendo un llamado para que se profundice y se tome en serio este fenómeno.

Personalmente he tenido la magnífica experiencia de aprender de los expertos en el tema, los cuales me han motivado a involucrarme más y a contribuir con ellos para lograr que los representantes de los gobiernos alrededor del mundo tomen conciencia de la necesidad de actuar y actuar ya.

Por eso los invito a visitar varias organizaciones que por años se han dedicado a divulgar, denunciar, tomar acción y llamar la atención para salvar nuestro planeta. Ellas son:

Defenders of Wildlife
The Nature Conservancy
Unión of Concerned Scientist
Green Peace
entre otros

Es hora de poner al lado las discrepancias políticas, religiosas, nacionales e internacionales y lograr un foro común donde se oigan las voces de todos para comenzar a encontrarle una solución a las devastadoras consecuencias del cambio climático.

¡Actuemos ahora para poder dejarle a las nuevas generaciones un planeta saludable!

¡Un saludo a todos en el Día del Blog Action Day!

La Decision

(octubre del 2010)

En unas horas el mundo conocerá la posición de Estados Unidos con relación al envío o no de más tropas para continuar la ya cuestionada guerra de Afganistán.

La gran disyuntiva es que dependiendo de lo que el presidente de a conocer hoy, esta guerra habrá sido de Bush o lamentablemente tendremos que adjudicársela a Obama.

Parece que Obama le ha dado mucho crédito a estos dos generales militaristas que a fin de cuenta son generales ahora por los "meritos adquiridos" en estas dos innecesarias guerras.

En días pasados me puse a releer las promesas de campaña de Obama y no coinciden con la decisión de enviar 30, 000 tropas. ¿Es posible que hayan sucedido tantos cambios, ocultados a la opinión pública, que obliguen a Obama a esta decisión? No lo creo, Obama, a conciencia, se ha rodeado de los viejos militares y consejeros con los que la Administración Bush desarrolló su política belicista.

Un año ha pasado desde que Obama asumió la presidencia y los cambios prometidos se han visto nublados por sus cuestionadas decisiones que se acercan más a la vieja política y poco a poco la confianza que en él depositamos los progresistas se va disipando.

El Presidente debe ordenar el retiro de las tropas y dar por terminada esta guerra sin sentido que ningún beneficio (como todas las guerras) ha arrojado, aunque sí ha provocado muchas muertes de civiles inocentes y la destrucción de ciudades completas.

El Presidente Obama debe honrar el título otorgado de Premio Nobel de la Paz. Hasta el presente no conozco otro galardonado por la Paz que hay promovido guerra alguna y si el Presidente no puede sostener este honroso título, sería mejor que lo entregara.

Si hay algo que no sabemos, el presidente debe tratar de explicarlo, aunque para los anti-guerra como yo ninguna explicación que lleve a la guerra tiene justificación.

Recordemos los horribles atropellos a los derechos humano que se han visto en las guerras de Irak y Afganistan, recordemos las fotos que muestran las torturas cometidas por el ejército y las cuales no serán mostradas al público, no obstante la petición de la Unión de Libertades Civiles, la Corte de Apelaciones votó en contra de hacerlas públicas. (tan horribles y desagradables son) ¿¡Y aun así Obama quiere enviar más tropas a Afganistan?!

Mucha es la información que se ha manejado que da fe de que esta guerra seria un fracaso comparado igual o peor al de la guerra de Vietnam.

Por otra parte estamos en una crisis económica nunca imaginada, un desempleo preocupante y un desbarajuste financiero del cual no hay señales de como salir.

Obama tiene en sus manos la posibilidad de continuar alimentando nuestros sueños y esperanzas de cambio.

Michael Moore, el laureado realizador de documentales, en su carta abierta al Presidente Obama y Keith Olbermann el Conductor de "Countdown con K O" en su comentario especial, dejaron bien clara la petición al Presidente: "Debe salir de Afganistan y salir ahora".

Nota: Obama envió más tropas y no sólo eso, comenzó otras nuevas.

SALUDOS POR EL 2010

(28 de diciembre del 2009)

Dentro de tres días, los de esta parte de hemisferio, entraremos en otro año. Recibir el primer día del año es para mí una gran ocasión para celebrar y ha sido una tradición familiar porque significa que hemos vivido uno más. Pero honestamente, si miramos a nuestro alrededor, revisamos el status quo en el mundo durante el 2009 no vemos muchas razones para celebrar con satisfacción. Sin ser agua -fiestas, en realidad se cansa uno de repetir el mismo show festivo a sabiendas de que el mundo sigue dividido en a los que les va muy bien y a los que les va del todo mal.

Los gobiernos de izquierda y de derecha, todos, tratan de prevalecer uno sobre el otro y todos tratan de sobrevivir mientras duren sus mandatos. Los pueblos de los países desarrollados y en vías de desarrollo no ven los cambios prometidos durante las campañas políticas y el descontento general se incrementa, a veces manifestado en protestas, otras veces en silencio. Así y todo siempre hay quienes se imponen ante esas dificultades y luchan desde distintos frentes por algo mejor y es a ellos a los cuales quisiera saludar antes de finalizar el 2009.

Un merecido reconocimiento a las organizaciones de derechos humanos y civiles, a los defensores de la protección del medio ambiente, a las organizaciones por el bienestar de los animales alrededor del mundo, ya sean nuestros queridos animales domésticos o los bellos animales salvajes, algunos en peligro de extinción, producto de la acción de los seres "humanos". Un aplauso a los dedicados miembros de las organizaciones por la paz y por la eliminación del hambre en los países en el mundo entero, a los activistas que protestan abiertamente en público en detrimento de su tranquilidad personal.

Especial saludo a los corresponsales y periodistas que durante todo este año han decidido ponerse del lado de la verdad y la razón, renunciando a los grandes salarios que ofrece la prensa corporativa, como opción para poder decir lo que realmente está sucediendo. Y para ser justos, saludamos a aquellos conductores de programas informativos, que aun trabajando para las corporaciones, tienen el valor de enfrentar a políticos, legisladores y grupos de presión y contradecirlos y desmentirlos en cámara.

Al resto de mis amigos, conocidos y familiares, les deseo que logren y puedan expresar sus deseos por una más bella humanidad, que traten de hacer lo más posible para contribuir a las mejores causas, y se propongan tener un nuevo año lo más libre de prejuicios y de ataduras morales y materiales y así poder vivir a mayor plenitud, a fin de cuentas es la única vida que tenemos.

¡ Qué tengan un buen 2010!

El futuro de la Instrucción en Estados Unidos

(1ro de marzo del 2010)

Si bien 365 días no es tiempo suficiente para acometer los cambios que Obama nos prometió, no es menos cierto que no vemos en la Casa Blanca la actividad que esperábamos.

El Presidente Obama está entrado de lleno en todo lo concerniente a Economía y Salud impulsando medidas y reuniones que den solución al desastre financiero y a la tardanza intencional de los legisladores para acabar de decidir la reforma de salud.

Lo que nos llama la atención es que el resto de los dirigentes de la Administración Obama, no asoman la cabeza por ninguna parte, entre ellos, Mr. Duncan, el Secretario de Educación.

Consideramos que la economía está en proceso de recuperación, pero la educación del país es un caos. Por 8 miserables años vimos como la Ley Que Ningún Niño se Quede Atrás empeoró las condiciones educacionales del país que no eran muy buenas tampoco.

La realidad actual es que cada día una parte considerable de los maestros carecen del desarrollo intelectual y profesional que se requiere para educar bajo nuevas perspectivas porque los planes de estudios para esta carrera son pobres o limitados. Basta hablar con algunos recién graduados y sólo pueden hablar en términos técnicos pero no culturales, lo que explica por qué en la mayoría de los casos actúan como robots, obedeciendo lo que se le exige, sin pedir explicación alguna o exponer sus propias ideas. Los

Distritos escolares tienen implantados los días del llamado "Professional Development" (Desarrollo Profesional), que duran 2 o 3 horas y que son de un pobrísimo nivel intelectual y profesional, (dicho por maestros en comentarios privados) pero que les dan créditos (puntos que se requieren) a los maestros para poder continuar en las posiciones. Por eso los maestros asisten a ellas, aunque ellos mismos califican esta actividad como improductiva, pero tienen miedo a hablar por temor a represalias. No sólo no son efectivos estos días de superación educacional, sino que se realizan en horario de trabajo, por lo que esos días las clases para los niños terminan 2 horas antes para así "contribuir" a la "superación" de sus maestros, que reciben pago por asistir. Otras veces en días de clases, los maestros se envían a estas clases de desarrollo profesional y se asigna un maestro substituto en su lugar.

Esto es una actividad que está arraigada y que se acepta como una rutina, pero que observamos no introduce serias mejoras al proceso educativo.

Aunque algunos maestros tienen ideas al respecto, no lo exteriorizan y una vez más prevalece el silencio y el conformismo. Y no me tomen a mal, creo, porque los conozco, que hay excelentes maestros en los cuales se puede depositar toda la confianza para educar nuestros niños, pero el propio sistema le crea las limitaciones con curriculum estereotipados. los cuales se ven obligados a cumplir o exponerse a una evaluación negativa del director que visite su clase.

Pero esto no es todo lo que sucede a lo largo y ancho de Estados Unidos en materia de educación. Existe el miedo a reclamar o cuestionar las malas políticas y/o el funcionamiento a nivel de escuelas, tengo la triste experiencia de oír de un maestro experimentado que me confió sus opiniones negativas sobre un programa específico, la exhorté a decirlo públicamente para debatirlo, pero me respondió que lo sentía pero que ella temía perder su trabajo y no poder pagar sus deudas. Se derrochan materiales sin consideración con el dinero de los fondos federales; se promueven a los niños de un grado a otro sin tener los conocimientos básicos del grado y en algunos (bastantes) casos, sin dominar la lectura y escritura del nivel de primer grado; los libros de texto tiene un contenido limitado que estan sujetos al arbitraje de los grupos de interés de cada estado. Así por ejemplo, en los estados del sur, los conocidos como estados del Cinturón Bíblico, es tabú reflejar en los libros de texto, temas sobre el Calentamiento Global, la Evolución, la Educación Sexual, así como la obra de Thomas Paine y otros pensadores, incluyendo el pensamiento completo (sin las interpretaciones fundamentalistas) de los Padres Fundadores de la Constitución. De más está decir que de hacerlo se levantaría una ola de protestas denunciando al gobierno por interferir en las tradiciones y los "valores familiares".

Mr. Duncan, el actual Secretario de Educación y que ahora debe enfrentar esta realidad, ocupaba el cargo de "CEO (Chief Executive Officer) algo asi como Principal Oficial Ejecutivo de Educación en Chicago, y es abogado. El término CEO se usa fundamentalmente para nombrar a la persona con mayor rango en una corporación o empresa. Aunque existían otros candidatos súper calificados para esta posición durante la campaña electoral de Obama, el Presidente sorprendió a la sociedad intelectual de Estados Unidos con el nombramiento de Arne Duncan. Es sabido que los resultados escolares y el funcionamiento del sistema educacional de Chicago no han sido los mejores; su idea de militarizar la enseñanza no ha sido de gran aceptación. Chicago cuenta con el programa mas grande de JROTC (Corporación de Entrenamiento para Oficiales Jóvenes de la Reserva), que funciona en los grados del 10mo al 12do.

Mr. Duncan está entre los miembros de la Administración Obama que no han tenido presentaciones oficiales o han ofrecido entrevistas a la prensa y cuando lo han hecho, ha sido acompañados del Presidente. No sé exactamente cual será la estrategia a seguir para mejorar el sistema de educación, ni creo que Duncan sea la mejor opción para hacer que nuestra enseñanza pueda competir a nivel global, por el momento le ofrezco el beneficio de la duda.

Estados Unidos ocupa uno de los más bajos lugares en educación entre los países desarrollados del mundo. Mientras tanto Sarah Palin sigue creyendo que los dinosaurios existieron cuatro mil años atrás, y los estudiantes norteamericanos llegan al 9no grado sin saber qué es el Solsticio de Invierno.

Nota: Y mi duda se ha confirmado. Hasta el presente, 2014, poco o nada se ha logrado, solamente aires triunfalista y estadísticas, que no reflejan la realidad.

Censo de Población 2010 en Estados Unidos

(10 de marzo del 2010)

Ya está llegando a todos los hogares norteamericanos la notificación de la Oficina del Censo, alertándonos que en breve recibiremos el cuestionario que nos dará la posibilidad de ser contados para actualizar los datos demográficos que estarán vigentes por los próximos 10 años.

La actividad del censo no es tarea fácil. Ésta debe incluir cada rincón del país por muy intrincado que este sea. Lamentablemente ya se ha conocido en la nación un acto criminal en contra de un encuestador que en su afán de hacer su trabajo lo más exacto posible se adentró en un área, que ya se conocía como hostil a extraños y a autoridades gubernamentales.

Es sabido que el beneficio de los resultados de los censos son incalculables. La información que se deriva de ellos, contribuye a la construcción de carreteras, vías rápidas, hospitales, proyección de cambios en los servicios postales, escolares, de transportación y en otros sectores.

Por supuesto, el conteo de la población conlleva a la identificación de cuántos somos, en qué edades nos agrupamos, cuáles son nuestros niveles educacionales y hasta qué por ciento vive en qué áreas. Pero algo significativo que se verá en este censo es que se ha definido un poco más correctamente el concepto de "raza". En el pasado, existió un error graso al confundir los significados de raza y nacionalidad, el cual resultó en datos finales inexactos.

Si profundizamos en la raíz de este error debemos señalar la falta de conocimientos entre las propias agencias que han ignorado el carácter científico a la hora de establecer la clasificación. Debido a que la población norteamericana por muchos años se ha mantenido des-informada acerca de la procedencia de las razas, y su conexión con la antropología y la geografía, hoy existe entre los nacionales blancos la distorsionada asociación entre raza blanca y caucásica, asumiendo equivocadamente que al decir caucásico automáticamente significa la raza blanca.

La mencionada definición viene dada desde 1795, año en que el científico alemán Johann Friedrich Blumenbach, dividió la raza humana en especies tales como:Caucásica, (raza blanca); Mongolianos (raza amarilla);Malayos (raza carmelita);Etiopes (raza negra); y Americana, (raza roja). Blumenbach consideraba que la raza caucásica fue la primera en la tierra, consistente con el concepto vigente de la época, y probado erróneo debido a la carencia en aquel momento de elementos científicos, de que el Cáucaso fue el lugar de origen de los primeros humanos.

Entonces imagínense, que después de 215 años a partir de esa definición que hace tiempo se determinó obsoleta por el resto de los países, esté todavía en uso en los Estados Unidos y nadie, ni antropólogos, instituciones científicas y del gobierno se hayan encargado de aclarar estos conceptos por generaciones y generaciones hasta el presente.

Más lamentable es aun que la media de los norteamericanos (no me refiero a personas sin instrucción) crean que no pueden haber hispanos blancos o africanos blancos, porque según ellos no son Caucásicos. Increible que esto se vea en uno de los llamados países desarrollados y en pleno siglo XXI.

De este profundo desconocimiento son responsables las instituciones de gobierno que no han sido capaces de desvincular la política de la definición, en vez de basarse en la información científica y educar a la población para que el error no continue repitiéndose en el presente.

Los eventos socio-políticos que acontecieron en los EE.UU contribuyeron sobremanera para que ese concepto de pureza blanca se infiltrara en las mentes, tradiciones y comportamiento de la población blanca auto considerada pura.

Lo que desconoce la mayoría de los norteamericanos es que las Montañas del Caúcaso, están localizadas entre el Mar Negro y el Mar

Caspio, entre las cuencas del rio Kuban y del rio Terek que pertenecen a Armenia, Azerbaiyan, Georgia y Rusia y que en el 2014 estas mismas montañas serán testigos de los Juegos Olímpicos de Invierno, fantástica posibilidad para conocer cuan diferentes entre sí son los habitantes del Caucaso, e informarse de su ubicación euro-asiática. Vale agregar que el nombre proviene del griego *Kaukasos*.

Existe vasta información que clarifica el por qué caucásico no debe referirse para identificar personas de la raza blanca, pero eso sería una larga lista de argumentos.

Lo que si esperamos es que después que las autoridades del Censo han rectificado el viejo error, contribuyendo con ello a un cuestionario mejor estructurado, el resultado que el mismo arroje sea más exacto, por ende mas científico y a la altura de los comienzos del siglo XXI.

CENSURA RAMPANTE

(17 de marzo del 2010)

Después de tres días de debate, la Junta de Educación del Estado de Texas decidió eliminar la figura y obra de Thomas Jefferson de los libros de texto de Estudios Sociales. Por 10 votos contra 5, Texas fue mucho más lejos que otros censores cuyas huellas están latentes todavía en los libros de textos en Estados Unidos.

Además de esta obscura decisión, los miembros de la Junta han estado cuestionando por años la inclusión del tema de la Evolución y del Darwinismo en el curriculum escolar. Vale la pena señalar que el debate sobre la enseñanza de la Evolución en las escuelas públicas norteamericanas viene dado desde Marzo de 1925 cuando John Scope, professor de Biología en una escuela intermedia de Tennessee, fue acusado de enseñar la evolución a sus alumnos. Fue procesado y encontrado culpable en un juicio, el cual se conoció como "The Monkey Trial" (El Juicio del Mono).

Debo apuntar que los que consideran el tema de la Evolución ofensivo hacia la religión cristiana, continuan usando cualquier tribuna, ya sea pública o privada para imponer sus puntos de vista en su desesperado intento de limitar el estudio y divulgación de los hechos científicos.

La extrema conservadora, (y no me refiero a partidos) siempre asustada por los cambios, teme que sus ideas retrógradas sean cuestionadas por las generaciones nuevas, que inspiradas por los ideales de cambios y un mejor futuro decidan actuar y por eso han decidido excluir las figuras promotoras de estas ideas de los libros de texto.

Jefferson, uno de los "padres fundadores", es una de las figuras históricas, cuyo pensamiento motivó las ideas revolucionarias de los siglos XVIII y XIX.

Los miembros conservadores de la Junta de Educación de Texas realizaron más de 100 enmiendas a las 120 páginas del curriculum de historia, sociología y economía en los niveles de enseñanza primaria y media superior. (Cita traducida de Washington Post y Truthout)

Al tomar la decisión de ignorar los hechos históricos y las cualidades de los que fueron testigos incuestionables de los mismos, Texas no solo ha violado los principios éticos que nos enseñan que la Historia es eso, Historia y no debe ser matizada ni hacia la derecha ni hacia la izquierda, sino que nos ha dejado ver unos dudosos principios democráticos y una intolerancia, de los cuales esta nación ha acusado a otros gobiernos.

La realidad es que aunque esta reciente decisión de Texas nos ha sorprendido a todos por ignorar a las figuras mas relevantes de la época de la Ilustración, no es menos cierto que los libros de texto en nuestras escuelas de Estados Unidos están plagados de omisiones, supresiones e imprecisiones que vienen de años y que no son dignas de una nación democrática.

Censura Rampante: Parte 2

(18 de marzo del 2010)

Ayer hice un comentario sobre la decisión tomada por la Junta de Educación de Texas sobre la censura a los libros de texto y específicamente a los de Historia.

Tan atroz es la medida, que ya se alzaron las voces de autoridades universitarias expresando su rechazo a los cambios.

Los historiadores han encontrado incorrecta la omisión sobre los aspectos religiosos de los padres fundadores, argumentando que los mismos demostraron diferente acercamiento hacia la fe y la religión y algunos como Jefferson expresaron en ocasiones sus posiciones laicas en algunos temas.

Otros profesores, igualmente reconocidos, criticaron la idea de transformar los hechos durante la época del macartismo. El profesor eméritus de la Universidad de Wisconsin-Madison, Paul S. Boyer, conocido autor de libros de Historia en el país, se manifestó alarmado con esta acción.

Algunos autores han expresado su incomodidad con los cambios aprobados por la Junta de Educación de Texas y no está claro si los aceptarán o no. (Truthout)

Por otra parte el caricaturista Clay Bennett de Chattanooga Times Free Press, Tennessee publicó una original caricatura sobre las acciones de la

Junta de Educación de Texas. La misma se puede encontrar en la pagina de internet de The Association of American Editorial Cartoonists.

Aunque de manera discreta, ya comienza a verse de alguna forma el desacuerdo con la medida tomada por Texas. Esperemos que más historiadores la cuestionen abiertamente y se saque una lección de democracia y civismo.

¡BOCHORNOSO!

(28 de marzo del 2010)

Los acontecimientos antes, durante y después de los debates sobre la Reforma de Salud, nos han traído a la memoria el ambiente durante la Guerra de Secesión, el lenguaje de los tiempos de la Confederación, el ambiente de la época y el ignorante racismo.

Lo peor de todo es que no estamos viviendo en el Siglo XIX, pero los participantes en las protestas frente al edificio del Congreso, los "Tea Baggers", los Congresistas gritadores de ofensas y los "periodistas" instigadores de odio y actos de violencia lo han olvidado. O sea que cuando gritan (take the country back) "recuperemos el país" en español, lo que realmente quieren es retroceder a la época de "bebederos para blancos y bebederos para negros", "se admiten perros, no negros" o a la época del oeste, donde los famosos "cowboys", siempre vencedores, caminaban con su actitud de gatillo alegre.

Hace dos días un manifestante frente al local del Congreso le gritó niger (negro) pero que dicha así en inglés es una forma despectiva para llamar a las personas negras, al Congresista por Georgia, otro lanzó piedras contra las ventanas del edificio y las amenazas por teléfono a los legisladores demócratas y a sus familias se han incrementado.

Que nadie se atreva a decirme que estas acciones están respaldadas por la Primera Enmienda de la Constitución, porque ninguno de los actos citados constituyen expresiones de desacuerdo o acciones civilizadas para hacerse sentir. Lo peor de todo es que los líderes del Partido Republicano

(GOP), no solo no se han pronunciado en contra de esta desvergüenza, sino que la instigan y la apoyan. Incluso han acusado a los demócratas de utilizar esos actos para ganancia política.

Muchos de nosotros, fundamentalmente los progresistas, creemos que la falta de acción de los demócratas, su retórica de bipartidismo, el miedo de sonar radicales, socialistas, etc. continuan mostrando una preocupante diplomacia, mientras los legisladores republicanos gritan durante sesiones del congreso cosas como "mentiroso" (creo que fue el de Carolina del Sur), "asesino de niños"(uno de Texas) para expresar su posición ante el aborto; lastima que no tenga similar convicción, cuando los niños en Irak y Afganistan mueren bajo las balas de nuestro propio ejército.

Tanto es el disgusto de los electores demócratas que el artículo de John Cory (I am Angry) "Estoy Furioso", se ha convertido en una petición a los líderes del Partido Demócrata, reclamando acción ante tanto oprobio y hasta ahora la misma cuenta con 4, 075 firmas.

Lo que estamos viendo hoy es la verdadera cara de los reaccionarios, de los racistas y de los intolerantes y el Presidente Obama, su administración y los legisladores que se consideren demócratas deben poner un alto a estas acciones para desenmascarar las verdaderas intenciones de la extrema derecha.

EL MEDIO AMBIENTE DE NUEVO EN PELIGRO

A juzgar por la decisión de comenzar las perforaciones de petróleo en la costa Atlántica, el Presidente Obama ha ignorado su promesa de campaña (otra más) de luchar por la preservación del medio ambiente, dejándonos a todos con el mal sabor del descontento y la decepción.

No distantes están los días en que los ambientalistas opinaron horrorizados sobre la funesta decisión de McCain de escoger a la Palin como pareja en su carrera por la Casa Blanca. La actual ex gobernadora de Alaska se hizo famosa por su trato cruel hacia los lobos al ordenar la matanza aérea y por su desdén en general por la preservación de los animales salvajes en su estado. La fauna alrededor del mundo está en peligro, no solamente como consecuencia del calentamiento global, que es real, sino por la matanza indiscriminada por parte de los hombres. Elefantes, lobos marinos, osos polares, lobos, aves raras y otras especies se están extinguiendo y los hombres hacemos poco o casi nada para protegerlos.

El Presidente Obama está utilizando su política de contentar a todos, pero está ignorando las ideas progresistas, las que marcan el desarrollo y las que aceleran los cambios. Hasta ahora los reaccionarios y conservadores siguen siendo los obstruccionista.

La población americana no se está percatando de lo que sucede, porque carece de los elementos necesarios para hacerle frente a su propio estancamiento. No olvidemos que el consumismo no es señal de desarrollo sino de falso progreso. ¿Piensa Obama hacer algo al respecto? si planea hacer algo, que ya empiezo a dudarlo, que lo haga y rápido porque nos estamos quedando rezagados con relación al mundo.

El medio ambiente necesita protección y no entiende de juegos políticos, ni tampoco puede esperar mucho más. ¿Tiene intenciones Obama de hacer algo al respecto o "lo cogerá la rueda de la historia"?

ELECCIONES EN TIEMPOS DE ODIO

(3 de mayo del 2010)

Mañana son las elecciones primarias en Estados Unidos y los que todavía creemos en el poder del voto otorgado por la Constitución, visitaremos los locales habilitados e intentaremos una vez más influir en las decisiones locales y nacionales. En algunos distritos elegirán senadores al Congreso de la Nación y a las legislaturas estatales, miembros a la Junta de Educación y también los alguaciles de diferentes condados, incluida está también la elección por los jueces de las Cortes de Apelaciones.

Estos dos últimos aparecen como no partidistas, es decir que no tiene afiliación, porque deben ser "neutrales". Al menos eso es lo que nos dicen cada año, pero realmente, todos tienen su plataforma política y a partir de ahí toman sus decisiones y no precisamente basadas en los principios de la Constitución. Por eso, a veces vemos que algunos alguaciles desarrollan su trabajo a partir de los valores que representa la Confederación y algunos jueces legislan a partir de los prejuicios de 20 años atrás, con la sola idea de seguir siendo reelectos en zonas donde los aires del siglo XXI no han llegado todavía.

Como últimamente se están viendo tantas manifestaciones racistas, retrogradas todas provocadas por los "Tea baggers" y encabezados por lo más ignorante del espectro político, decidí no estar afiliada a ningún partido.

Vivimos en tiempos de corrupción a todos los niveles y en todas las esferas de la sociedad. Cada día son más lo que optan por callar o cometer acciones despreciables por tal de contentar a los que ostentan en el poder, no importa cuan alto o bajo sea éste. Otros deciden mirar al otro lado y aparentar que todo está bien, comprometiendo así su dignidad y lo cual es peor traicionando la verdad.

Mi descontento con Obama

(7 de junio del 2010)

Cuando en Noviembre del 2008, votamos por Obama entusiasmados por las ideas de cambios, sabíamos que estos no ocurrirían de la noche a la mañana, pero nunca nos imaginamos que nuestras esperanzas se desvanecerían a la velocidad de la luz.

Muchos de nosotros votamos por Obama, no sólo porque era el candidato más capacitado en ese momento, sino porque su plataforma era la mejor opción para mover el país en una nueva dirección.

En diciembre 11 del 2006, Obama declaró al periódico "Philadelphia Inquirer": No es que la gente ordinaria se haya olvidado de como soñar. Es sencillamente que sus líderes han olvidado cómo. (fin de la cita traducida)

En enero 11 del 2007 expresó en "Today Show": Nosotros no vamos a ser cuidadores de una guerra civil.(refiriéndose a Irak)

En mayo 31 del 2004 Obama, aludiendo a la Administración Bush dijo a "New Yorker": Tenemos una administración que cree que el papel del gobierno es proteger a los poderosos de los sin poder.(fin de la cita traducida)

Obama nos inspiró a todos con sus palabras, lo creímos y lo apoyamos.

Hoy, un año y cinco meses después de su juramento como Presidente, los trabajadores, los desempleados, los que todavía siguen pidiendo mejoras de salud y educación, los que reclaman mejores condiciones de trabajo, en fin los sin poder, seguimos soñando, aun cuando nuestros líderes se han olvidado de hacerlo.

Obama no sólo se ha mantenido en Irak, sino que ha mandado más tropas a Afghanistan para continuar la guerra y respalda acciones operativas alrededor del mundo, mas que las que existían bajo el Presidente Bush.

Hoy, seguimos viendo el abuso y florecimiento de las Corporaciones multimillonarias, ya sean financieras, de comunicación, bancarias, farmacéuticas, alimenticias, de cuidados de salud, etc. sin que esta administración haga algo a fin parar el abuso de los poderosos contra los sin poder.

Los electores que le dieron la victoria a Obama en el 2008 estábamos dispuestos a apoyarlo en todas las promesas de cambio y hoy seguimos pensando que todavía él tiene la oportunidad de cambiar el curso y dirección de trabajo de su administración. ¡Pero tiene que hacerlo ahora, porque mañana ya será demasiado tarde!

La duda que nos asalta es: ¿Estará dispuesto a hacerlo?

WIKILEAKS Y LA REACCIÓN DENTRO DE LOS ESTADOS UNIDOS

(28 de julio del 2010)

Lo veo, lo oigo y no lo puedo creer. El Congreso voto a favor de continuar la guerra en Afghanistan y con ello autorizó a Obama a gastar 33 billones más.

Esta vez y en este tópico los dos partidos apoyan la política de Obama. Pero no nos debe asombrar, a fin de cuentas, hace tiempo que las acciones de Obama muestran la continuación de la Administración Bush, con la gran diferencia de que Bush nunca mintió acerca de su posición, y su ideología si llegaba a convertirse en presidente de los <u>Estados Unidos</u>.

La transparencia de la que Obama viene hablando, brilla por su ausencia. La falta de la misma se vio claramente en la reacción de la Casa Blanca a raiz de la filtración de los documentos secretos sobre la guerra de Afghanistan, expuesto por la organización <u>Wikileaks</u> a través de su página web.

Wikileaks le anticipó a "<u>The New York Times</u>" y a otros dos periódicos, uno alemán y otro británico la información, con el compromiso de que no fueran publicados antes del domingo 25 de julio y así lo hicieron.

Inmediatamente después de darse a conocer la información, el secretario de prensa de Obama, en conferencia de prensa expresó que la filtración de "estos documentos ponían en peligro la vida de personas que luchaban para garantizar nuestra seguridad" y catalogó el hecho de "un acto criminal".

Al siguiente día, el propio Presidente Obama en un brusco cambio de enfoque expresó que nada de lo que reflejaban los reportes clasificados era algo, que no se le hubiera dado a conocer al público.

Evidentemente que las mentiras están en el ambiente y no vienen precisamente de Wikileaks.

Lo bochornoso en todo esto es la actitud de los periodistas que en lugar de exigir una explicación ante estas contradicciones e ir al corazón del problema, (que consiste en lo que está sucediendo en Afghanistan desde el 2004 hasta el 2010 y que **NO** se conocía por el público), tratan de mantener sus "buenas relaciones" evadiendo y hasta jaraneando con el Secretario de Prensa de la CB, como es el caso del senor Todd, corresponsal de MSNBC ante la Casa Blanca.

Otros periodistas "auto-titulados progresistas" han tratado de devaluar la labor de Wikileaks y su fundador Julian Assange, cuya misión ha sido y es desmantelar las mentiras de los gobiernos y la de filtrar lo más posible los abusos de poder de éstos alrededor del mundo. Han tratado de desacreditarlo resaltando que fue un hacker y que no existe record de sus antecedentes como periodista, cosa que es cierta, pero también hay que decir que Assange fue estudiante de física y matemáticas y es programador, quizás entre los mejores "hackers" en el mundo, de lo cual algunos instituciones de gobiernos se estén lamentando que no lo hayan podido tener de su lado, como son las agencias de inteligencia. Lo que sucede es que Assange nunca lo hubiera acepado.

Cabe resaltar que Bradley Manning, de 22 años de edad, ex analista de inteligencia de EEUU radicado en Baghdad y ahora acusado de pasarle a Wikileaks el video con las imágenes del acto criminal cometido por un helicóptero de guerra estadounidense y que se dio a conocer públicamente bajo el título "Asesinato Colateral", también era programador reclutado por el ejército. Es importante decir que fue arrestado, no por la eficiencia de las autoridades norteamericanas, sino por que otro "hacker de sombrero gris", Adrian Lamo, conocido por sus conocimientos en Microsoft, Fortune 500, etc., lo reportó al FBI por estar trabajando como informante, después de haber conversado con Manning en la internet. Lamo aceptó el arreglo con el FBI de convertirse en informante a cambio de que lo exoneraran por actividades de hacker por el cual había sido detenido con anterioridad.

Es probable que la prensa corporativa, el gobierno, los legisladores y otros, traten de minimizar la labor de Wikileaks y de los que hacen posible que la verdades que los gobiernos ocultan para poder seguir manipulándonos, salgan a la luz, pero al igual que pasó con los llamados "Pentagon Papers"(Documentos del Pentagono") sobre la bochornosa guerra de Vietnam, revelados en 1971 a "The New York Times" por Daniel Ellsberg, analista del Departamento de Defensa, la historia no solamente recogerá la bochornosa e ilegal invasión norteamericana a Afghanistan, sino que tendrá que mencionar a Daniel Ellsberg, Bradley Manning y Julian Assange como valientes activistas en buscan de la verdad. Verdad que se nos oculta por parte de los periodistas plegados a los intereses de los monopolios y a los gobiernos que los representan.

ROGER CLEMENS VS GRAL. McCHRYSTAL

(22 de agosto del 2010)

El próximo 1ro de Septiembre, se estrenará en los cines del país el documental "The Tillman Story", sobre el futbolista que rechazó en Mayo del 2002 un contrato multimillonario con los Cardenales de Arizona, y decidió alistarse en el ejército para "defender su pais" según él, en Afghanistan.

El 22 de Abril del 2004 en un reporte oficial del ejército, se informó que Pat Tillman había muerto en combate. El Gral. McChrystal, en documento oficial, recomendó a Tillman para la Medalla al Valor Estrella de Plata, conociéndose después que la información que argumentaba el reporte y la recomendación del general habían sido falsas y los testigos del hecho habían sido fabricados por el propio equipo del general para de esta forma ocultar la realidad de que Pat Tillman había sido muerto por "fuego amigo".

McChrystal mintió al Congreso, respecto a este incidente durante la audiencia ante el Senado para discutir la propuesta del Presidente para ascenderlo a Jefe de las tropas en Afghanistan. Se conoce del memo que dirigió a la Casa Blanca, pidiendo no se revelaran las circunstancias en la muerte de Tillman. Existe reporte del ex oficial de Inteligencia del Pentágono, Marc Garlasco, hoy miembro de la Organización "Human Rights

Watch", sobre las quejas de oficiales y soldados en cuanto al trato inhumano a los prisioneros de lo cual el general tenia pleno conocimiento.

No obstante haber mentido al Congreso y habiéndose quedado sin esclarecer las dudas, el General Stanley A. McChrystal fue confirmado por el Senado para convertirse en el Comandante en Jefe de las tropas en Afghanistan.

Sólo después de un reportaje del periodista investigativo Michael Hasting aparecido en la revista "Rolling Stone", en el cual quedaron reflejadas la falta de ética y la arrogancia, de este general, que éste decide retirarse. Pero este retiro no fue simple y callado. Fue con bombos y platillos, acompañado de un super discurso del Jefe del Pentágono. Aunque para nosotros ya estaba desmoralizado.

En este caso la mentira ante el Congreso quedó impune.

El pasado 19 de Agosto se dio a conocer que se abriría caso en contra del ex lanzador <u>Roger Clemens</u> por haber mentido al Congreso durante la audiencia a la que fue llamado con relación al uso de esteroides.

Hace tiempo que deje de seguir los juegos de pelota defraudada al ver que son los millones los que atan a un jugador al equipo y no el amor y la lealtad al mismo, al igual que me embargaba la duda en cuanto a si las actuaciones de sus jugadores eran todas atribuidas a la calidad como atletas o a la maravilla que la substancias prohibidas hacen.

Siempre creí y lo decía en mi círculo familiar, que esas monstruosas actuaciones de algunos jugadores eran algo dudosas y Roger Clemens, es posible que no sea la excepción, pero no olvidemos que la persona es inocente hasta que se pruebe lo contrario, al menos, eso es lo que se dice en papeles, a no ser que muchos billetes verdes también tengan peso en el caso.

El asunto es que los titulares de periódicos y revistas han y siguen hablando de la supuesta mentira de Roger Clemens, que puede ser cierto o no. Si Clemens consumió esteroides el único que salió dañado fue el en cuanto a su salud y su carrera, así como el desencanto de sus fanáticos

Cuando el Gral McCrystal mintió al Congreso, a la Casa Blanca, a la familia de Pat Tillman, no fue acusado de nada, sino al contrario, fue galardonado.

¿Qué tiene estos dos hombres en comun? Es simple, ninguno de los dos fueron honestos en sus audiencias ante el Congreso.

¿En qué se diferencian estos dos hombres? El General jugó con las vidas humanas en una larga guerra. Clemens ha afectado sólamente su trayectoria deportiva. El General se retiró con galones y reconocimientos. Clemens, lo mas probable es que reciba sanciones significativas.

Lo más penoso de todo esto es que la dignidad y el honor se pusieron en juego en un país donde su Congreso practica la doble moral.

MI AMIGO MUSULMÁN

(7 de septiembre del 2010)

Hace unos días, y precisamente, en los momentos en que el país sufre el mayor y más bochornoso sentimiento anti-musulmán, me encontré de nuevo con un joven pakistaní, con el que trabajé en el pasado por casi dos años. Al verme, soltó la sonrisa que siempre lo ha caracterizado y estrechamos las manos.

De inmediato nos interesamos por las respectivas familias e intercambiamos palabras sobre nuestros presentes empleos.

Este encuentro se produce en tiempos caldeados por la instigación racista y anti-musulmana de lo más ignorante de un sector de la población norteamericana, que ha reaccionado enfurecida ante la propuesta de construcción de una mezquita a cuatro cuadras de la Zona Cero, en Nueva York. El país que se vanagloria por practicar los más altos valores familiares y de la primera enmienda a la Constitución está demostrando una discriminación y racismo que no se veían desde los años por la lucha de los derechos civiles.

No puedo negar que me sentí apenada por tener que aceptar que los dos estábamos siendo testigos de este penoso espectáculo. Este joven ´paquistaní vive con su esposa y una preciosa niña, la cual heredó la belleza de su madre y la cordialidad de su padre, y no sé por qué razón al mencionarlos, sentí que debía expresar de alguna forma que no todos éramos parte de esa horrible payasada.

Al tocarle el tema, trató de obviarlo con un gesto que denotaba entre asombro y decepción. No entramos en detalles y nos despedimos deseándonos suerte y éxito, y estrechamos las manos no sin antes recomendarle que tratara de encontrar el libro para niños "La Gran Mezquita de Paris", que habla de cómo, en un maravilloso gesto de solidaridad, los musulmanes le dieron refugio en **La Gran Mezquita de Paris** a los judíos perseguidos por los nazis durante la Segunda Guerra Mundial. Mi amigo me prometió que buscaría el libro. No se si entendió en aquel momento, que aquello fue mi forma de expresarle cuan apenada me sentía por todo lo que estábamos viviendo.

Pronto se va a cumplir otro aniversario del atentado a las Torres Gemelas en Nueva York y ese mismo día un pastor cristiano en la Florida, del cual no quiero ni mencionar su nombre, planea quemar el Corán como muestra de repudio a la religión musulmana y así declarar que la misma no tiene cabida en EE.UU.

Por suerte esta acción bochornosa ha sido repudiada por representantes de otras denominaciones y por autoridades de la administración Obama. Pero me temo que mucho ha sido el desagravio a la religión islámica y a los símbolos que ella representa. Ya se han producido actos de protesta (más de los que ya conocemos) en Afghanistan, donde se han quemado banderas norteamericanas como reacción o respuesta a las manifestaciones de odio que se están viendo aquí.

No se por cuánto más tiempo seguiremos presenciando tanta ignorancia y tanta falta de sentido común, pero lo cierto es, que el mundo está presenciando una realidad norteamericana que deja mucho que desear.

La triste continuación de una doctrina

(25 de octubre del 2011)

Muchos eventos, noticias, incidentes, asesinatos, atentados a la humanidad se han producido desde el último comentario en mi blog.

He dedicado todo ese tiempo a documentarme, reflexionar y analizar el por qué de la gran traición a las promesas del Presidente Obama.

Mi primera y gran decepción se produjo al comienzo de su presidencia, cuando Obama expresó su, para mi definitoria frase de "mirar hacia adelante y no hacia atrás", refiriéndose a los reclamos de los que exigíamos revisión y acción en contra de los abusos de la pasada administración. Luego vendría la negativa de publicar las fotos que probaban los abusos y torturas cometidos en las prisiones iraquí a mano de los miembros de las fuerzas invasoras norteamericanas.

Las promesas rotas seguirían a estas primeras y no han dejado de producirse en todos estos años de su presidencia.

La actitud de Obama de romper con sus promesas de campaña fue mas allá de lo que nosotros, los que una vez confiamos en el, pensábamos: Obama adopta a cabalidad e incluso supera la "Doctrina Bush".

El Presidente laureado (prematuramente) con el Premio Nobel de la Paz, obsequió a sus electores con una violenta arremetida contra todos aquellos países que han decidido rechazar las políticas intervencionistas.

En un despliegue de irrespetuosa arrogancia, Hilary R. Clinton, la mujer de hierro estadounidense, y Secretaria de Estado ha expresado en mas de una ocasión la decisión de intervenir de una forma u otra en los países cuyas pobladores luchan y están en busca de la democracia. Lo que ella nunca ha mencionado en sus intervenciones, qué es lo que realmente hay detrás de las acciones de "solidaridad".

Nadie cuestiona los deseos de los pueblos de buscar y luchar por nuevas vías y nuevas formas de gobierno. Para mi ninguna dictadura es buena opción, pero lo que si es cierto es que la decisión de los pueblos de cómo vivir y cómo elegir sus gobernantes no es una prerrogativa ni del gobierno estadounidense y mucho menos de sus agencia de inteligencia.

Cuando votamos en el 2008, lo hicimos confiados de que los cambios que la campaña de Obama vociferaba eran reales. Debo aceptar que estamos pagando muy caro nuestra ingenuidad política. Mientras tanto, el sentimiento antiguerra y el creciente movimiento de la Ocupación de Wall Street es un claro mensaje del desacuerdo de la joven población norteamericana que busca un estilo de gobierno más justo sin la hegemonía monopolista y militarista.

TRAICIONANDO LAS LIBERTADES

(23 de noviembre del 2011)

Está a punto de cometerse otra violación a los derechos civiles y la libertad de expresión en los EEUU.

Como si las intervenciones del Pentágono y la CIA en los asuntos internos de los países, no fueran suficiente para afectar la ya dañada imagen de la administración Obama, ahora el Congreso Norteamericano tiene en su agenda la discusión sobre la potestad de los proveedores de internet de aceptar o prohibir páginas web que ellos decidan.

Simple y llanamente el Congreso está considerando la maquiavélica idea de limitarnos el acceso a la información. La historia nos ha enseñado que cuando los gobiernos niegan o limitan la información es porque existe el temor que la gente conozca mas allá de la información oficialista.

Lo que es mas asombroso es que la nación que se llena la boca para hablar de libertades y justicia es la misma que las limita a sus propios ciudadanos.

Millones han sido las firmas recogidas alrededor del mundo contra esta idea de controlar la información. El acceso a páginas web como Wikileaks, En Defensa de Bradley Manning, periódicos en linea como The Guardian y/o cualquier otra fuente que contradiga, critique, desnude la realidad de la política interna y externa de EEUU no estarán al alcance de aquellos que no quieran dejarse embaucar por la prensa corporativa.

El movimiento Ocupemos Wall Street (OWS) que representa el 99% de la población norteamericana, (al que Obama le ha hecho poco caso porque no le conviene) fue divulgado en sus comienzos por la prensa independiente, porque las corporaciones que representan los medios se confabularon para ignorar su existencia, como dignos representantes del 1%. Ahora los atemorizados congresistas, los mismos comprados por ese 1% planean complacer a los monopolios satisfaciéndolos con el control de la información

Es posible que la población joven estadounidense y el pueblo en general esté despertando del mito embrutecedor del excepcionalismo americano. Confiamos que así sea.

Por el momento no estaría de más recordarle a los comprometidos congresistas las palabras de Thomas Jefferson:

"El Pueblo es el único capaz de garantizar la preservación de nuestras libertades"

¿¡Estudiantes americanos en Egipto¡?

(24 de noviembre del 2011)

De acuerdo a la información recibida hoy por la mañana proporcionada por CBS y CNN Internacional, tres jóvenes que se encontraban "estudiando" en la Universidad Americana del Cairo para cursar estudios por un trimestre o dos y que habían sido arrestados, serían liberados.

Asistían en EEUU a universidades en Missouri, Philadelphia e Indiana y uno de ellos, de acuerdo a CBS trabaja como interno en la oficina de un congresista en su estado.

En la tarde, se estaba comentando en los mismos medios que no existe información oficial sobre la decisión del juez en Egipto de liberarlos y/o autorizarles el regreso. Mientras tanto, un representante legal norteamericano está encargándose del asunto.

Lo que llama la atención, primero que todo, es qué hacían estos estudiantes protestando en el Cairo a sabiendas de la situación política existente y mucho menos qué pretendían involucrándose en actos violentos, según contó CBS en la mañana. ¿Por qué el gobierno norteamericano, a sabiendas que la situación no ofrece seguridad, autorizó la permanencia de ellos allá y por qué permitió que sus ciudadanos participaran en eventos que a fin de cuentas no son de su incumbencia? ¿Ingenuidad o premeditación? Sea lo que sea, existe la duda que podría o no aclararse algún día.

EL PODER DE LA PRENSA INDEPENDIENTE

Las veces que he querido contactarme con los editores de medios de prensa, escritos o televisivos, hispanos o norteamericanos, por teléfono o correo electrónico no he podido obtener una respuesta específica, a no ser por el tradicional preconcebido mensaje. Cada día se hace más y más difícil contactar y hablar en vivo con las redacciones de los medios o con cualquier persona a cargo. La clave radica en que las opiniones y respuestas solamente son dadas por los altos niveles y cualquier opinión que no sea aprobada por los dueños del medio en cuestión no es permitida.

Desde el pasado septiembre el movimiento OWS (Ocupemos Wall Street) se ha extendido a las ciudades más importantes de los EEUU y ya se habla de Ocupemos el Congreso, Ocupemos las Universidades, demandando así acción de la administración Obama, que todavía permanece en silencio tanto a las peticiones del movimiento, como al atropello policial del que son objeto diariamente.

La derecha reaccionaria está tratando de dañar la imagen de los jóvenes participantes en las protestas, regando rumores de que son delincuentes, drogadictos, y que atacan a la policía, causando así el ataque por parte de ésta, lo cual justifica los arrestos.

Fue este el tema precisamente que trajo a colación una persona en mi trabajo, con la idea de desmoralizar el movimiento. Debo comentar que la media de los norteamericanos no están bién informados, pues no leen con mucha frecuencia y esto los hace creer que todavía viven en el país rico, poderoso y humanitario que le han venido repitiendo por décadas. Sin pensarlo mucho, la invité a documentarse de la prensa independiente para que encontrara lo que en realidad está pasando.

Al siguiente día (sábado) pensé que seria bueno que se hablara más sobre quiénes son en realidad los participantes del movimiento OWS. Me senté a la computadora y le escribí al fundador de de la organización RSN (Reader Supported News) con la petición. Cual no seria mi sorpresa cuando media hora después, recibo un correo electrónico del Diector de la publicación agradeciendo y prometiendo que trabajarían en en el tema.

Solamente los medios que están al servicio de la información son capaces de estar dispuestos a relacionarse con sus lectores.

Los monopolios informativos, si hicieran eso, dejarían de ser monopolios y entonces estarían reportando la verdad.

La desinformación sobre Ucrania y Rusia

(20 de mayo del 2014)

Todos estos titulares de la prensa corporativa sobre Crimea y Rusia, no tienen otro objetivo que acondicionar la información a los intereses de las corporaciones a las que representa.

No es un problema de parte de quien se está, es un problema de hechos, pero también de conocer historia y geografía. Y ahí es donde el pueblo norteamericano está flojo. No podemos decir que es olvidadizo, el asunto es que no tienen ni la más remota idea de los antecedentes.

El otro factor influyente es que por años, yo diría cientos de años, los ciudadanos han perdido el interés de indagar, profundizar y documentarse, dicho esto la única fuente de información que utilizan proviene de la prensa corporativa que no ofrece un amplio espectro de información, porque ofrecería la posibilidad de que los lectores sacaran sus propias conclusiones.

La forma en que la Administración Obama ha presentado desde el principio el conflicto de Crimea creó confusión en la población, porque no se ha basado en hechos sino en elementos ficticios para justificar futuras acciones norteamericanas, tanto en lo político, militar y comercial.

Amanecimos un día con las noticias diciendo que se había producido una revuelta del pueblo ucraniano, el cual disgustado con la presencia del presidente electo, demandaba su renuncia. Vendría luego la confusión, porque los que protestaban estaban enmascarados y armados.

Inmediatamente la administración Obama en dos días daba a conocer su incondicional apoyo a los manifestantes. ¡En dos días Obama ya sabía a quién apoyar! Comenzó hablando del deseo de cambio del pueblo ucraniano, sus derechos, etc.etc., pero olvidó decir quiénes estaban detrás de las revueltas en la plaza principal de Kiev. Es posible que la población norteamericana nunca sepa a ciencia cierta que no hubo tal iniciativa de revuelta popular, que agentes de la CIA estuvieron presentes estimulando las mismas, que los francos tiradores no eran del depuesto presidente legalmente electo y derrocado por un golpe de estado orquestrado por el partido nacionalista, neo nazi Svoboda.

Por consiguiente, el pueblo norteamericano no tendrá la menor idea que en el Siglo XXI, el Presidente 44 de los Estados Unidos aprobó, para así ampliar la lista de actos similares, a un partido golpista neo nazi en Ucrania.

¡Buen mensaje de transparencia, Sr. Presidente!

Sin escrúpulos

(abril del 2014)

¡Qué gran desastre, qué gran traición!, Obama al igual que sus predecesores tiene en su agenda el inicio de otra guerra. Y hasta el punto que no sabemos la trascendencia y envergadura de sus planes guerreristas.

Aunque vivimos en el siglo XXI, sigue vigente la expresión del ministro de Propaganda de Hitler "Una mentira repetida muchas veces se convierte en verdad."

Lamentablemente y aunque la población norteamericana no lo haya notado, esta técnica se sigue usando en el presente por el gobierno de Obama para despertar el terror sobre el inoculado ¨Poder Ruso¨ y crear el miedo y desconcierto entre el pueblo. Para lograrlo Obama tiene un poderoso aliado, y es nada más y nada menos que la prensa corporativa, encabezada por el New York Times.

El corresponsal de este periódico para la Casa Blanca, repite todo los datos que el Secretario de Prensa da a conocer en sus ¨briefings¨ y son publicados exactamente como el gobierno se los da, sin más investigación individual, sin cuestionar, sin consultar otras fuentes y sin tratar de encontrar las propias contradicciones que la Casa Blanca genera.

Prueba de ello, fueron las fotografías que ese periódico publicó, como prueba de la presencia de tropas rusas en Ucrania. Las fotos fueron publicadas por la red social Twiter y suministradas por la Casa Blanca. Una semana después el periódico tuvo que retractarse por comprobarse que la información que apoyaba las fotos era falsa. Exactamente eran todo lo contrario.

La disposición de Obama de distorsionar los hechos reales, se le ha ido de la mano. Primero apoya un golpe de estado fascistoide, envía a Biden a estrechar la mano con los golpistas neo nazi, manda a Kerry a hacer lo mismo, y desvirtua cada realidad que ve en las calles de Kiev.

La Secretaria de Washington ante la ONU, está haciendo lo mismo que la anterior, esperando lo que Obama le ordene decir y hacer, mientras el resto del mundo lentamente comienza a darse cuenta de la patraña y la mentira elaboradas por Washington para asegurar el poderío geofísico, político y militar en la región.

La visita de Putin a America Latina, sin lugar a dudas ha ensoberbecido a Obama, el cual perdió la posibilidad de llevar aires de colaboración a los países en el hemisferio. En el caso de Cuba, atemorizado por la presión de la derecha reaccionaria de Miami, cubana y norteamericana, repitió el mismo error de sus predecesores con el añejado embargo y todavía considerando a la isla en la lista de países terroristas. Sigo preguntándome comó Arabia Saudita no está en la lista, pero le dejo ese tema a los historiadores y especialistas.

Particularmente me alegro de la visita de Putin a Cuba pues le va a traer alivio a las necesidades vitales de mi país natal. No voy a repetir el concepto que han usado gobiernos totalitarios, que para ser honestos, también lo utilizaron Bush y Obama: "O están con nosotros o están contra nosotros" Creo en el derecho de poder expresarse con libertad a favor y en contra de las autoridades de gobierno, creo en el derecho de los autores a publicar sin tener que salir de su país para hacerlo y también creo en otros derechos ciudadanos, pero creo también que los gobiernos tienen el derecho de negociar con quien quieran en función del bienestar de su pueblo. No acepto estar regidos por un mundo, donde una sola potencia decide el curso de las cosas.

El enfurecido Obama, está presenciando algo que quizá no esperaba y es que alguien se le ha enfrentado y ha cuestionado su política exterior. Obama, en represalia, ha reaccionado con amenazas y hasta acciones, sin hablar de acusaciones sin pruebas. El asunto aquí no es ponerse al lado. de uno o de otro. El New York Times está haciendo un buen trabajo divulgando lo que viene de una sola fuente. Recientemente una ex compañera de trabajo me pregunto sobe el tema de Ucrania y los grupos opositores y cuando le brindé detalles provenientes de distintas fuentes informativas, me respondió "pero eso no es lo que dice en el New York Times" a lo que le respondí y cito textual "no te preocupes por eso el New York Times también dijo que Sadam Hussein tenia armas de destrucción masiva y que en Estados Unidos no se torturaba"

Y la peor realidad es que Obama está decidido a terminar su mandato (sólo le quedan dos años) con un conflicto militar, basándose, al igual que con Irak, en falsas pretensiones. Sólo que esta vez, no podrá excusarse diciendo que los datos de inteligencias estaban equivocados, por que fue Obama con la CIA, el FBI y otras agencias, que en secreto, conspiran con las fuerzas reaccionarias nazi de Ucrania que derrocaron al presidente electo. Esta ingerencia política y militar en Ucrania, dirigida contra Rusia, es parte de otra plan elaborado en secreto desde el pasado año. Obama ya tiene su guerra propia, no heredada. El dirá, si quiere, que los otros actos criminales de la OTAN bajo sus órdenes en el Medio Oriente y Africa no son suficientes. El conflicto con Rusia es importante porque hay que hacer que el pueblo norteamericano no hable más del desbarajuste de los programas de espionaje de la NSA, que gracias a Snowden el mundo conoce, que no se hable del descontento popular por la desastrosa política interna y que no se comente sobre las protestas internacionales por el uso de los drones.

Mientras tantos Ucrania vive uno de los momentos más difíciles y controversiales, después de la desaparición de la Unión Soviética. Ucrania está viviendo un derramamiento de sangre del cual Obama es responsable.

Y de nuevo me pregunto, ¿estarán viendo todo esto los que le otorgaron a Obama el Premio Nobel de la Paz o ellos también entran en negociaciones con la Casa Blanca?

EDWARD SNOWDEN, REVELADOR DE VERDADES

(mayo del 2014)

Pronto hará un año de las reveladoras informaciones sobre el espionaje de Estados Unidos contra el mundo entero. Edward Snowden se convertiría en la pesadilla para esta administración.

La aceptación a Obama mostrada en las encuestas Gallup, según anunciaron algunos periódicos y la prensa independiente, había bajado considerablemente, por sus pobres decisiones nacionalmente, sus maniobras sucias interviniendo en otros países, los asesinatos de civiles inocentes por los drones, la nominación de incompetentes funcionarios para puestos de envergadura, el encarcelamiento de los denunciantes (whistleblowers) de actividades ilegales entre los miliares y civiles en puestos de disición, las persistentes violaciones en la prisión de Guantánamo, etc. Y ahora debe lidiar con Snowden que le destruye el castillo de falsedadades sobre la vociferada ¨transparencia¨ de su administración.

Las reveladoras noticias de que la NSA (Agencia de Seguridad Nacional) espiaba sin escrúpulos a los Jefes de Estado del mundo incluídos los del Grupo de los 8, al Secretario de la ONU y a cuanta persona considera la NSA conveniente espiar, le volteaba la tortilla a Obama.

Pronto, empezaron a saltar algunos miembros del Congreso, los cuales mostrando un desprecio sin límites por la Constitución, comenzaron a calificar a Edward Snowden de traidor y espía extranjero, demandando su encarcelación y posterior pena de muerte. Por supuesto, para esa fecha e inteligentemente Snowden estaría fuera de los Estados Unidos. Sólo un tonto pudiera creer en la transparencia de Obama y en las ansias de verdad y justicia de un congreso, cuyos miembros vienen pisoteando desde hace años la Constitución y los derechos civiles de los ciudadanos.

No faltó el apoyo de Julian Asange, fundador de Wikileaks (recordemos los cables de Irak) que ayudó en la coordinación en Hong Kong, primera estadía de Snowden al salir de Estados Unidos.

Finalmente, después de innumerables avatares, Edward Snowden logra llegar a Moscú, Rusia con la aprobación del Presidente Putin.

Desde allá, desde Moscú, el valiente Snowden continua revelando información, haciéndola libre para todos y no vendiéndosela a ningún gobierno, como habían vociferado oficiales del gobierno de Estados Unidos y sus legisladores.

La próxima semana, saldrá al público el nuevo libro de Glenn Greenwald "No place to hire" (traducción libre, "Sin lugar donde esconderse". Greenwald junto con la periodista y productora Laura Poitras, fueron los que por primera vez, en entrevista en Hong Kong a Snowden, revelaron al mundo el inmenso Programa de Vigilancia masiva de Estados Unidos denominados PRISM y Xkeyscore.

Las revelaciones de Snowden son comparadas con las de Daniel Elsberg en los Documentos del Pentágono, (Pentagon Papers en inglés), que denunciaron las maniobras sucias durante la guerra de Vietnam.

Edward Snowden fue oficialmente acusado en Junio del 2013 de espionaje por parte del Departamento de Estado y ese mismo mes su pasaporte fue revocado, privándolo así, sin haber sido sometido a juicio, de un derecho inalienable de todo ciudadano estadounidense.

Algunas personas lo llaman traidor, denuncinate, héroe. Al preguntársele los motivos que lo llevaron a sus acciones dijo (traducción libre al español) "el único motivo para filtrar los documentos fue dejar saber al público lo que se comete en su nombre y lo que se comete en contra de ellos."

Sólo una persona con grandes ideales y amor por la verdad, decide a la edad de 29 años arriesgar su vida, las comodidades y bienestar que su trabajo le ofrecían, para vivir en la sombras a sabiendas que el enemigo poderoso y sin escrúpulos no escatimará recursos para silenciarlo.

Más revelaciones sobre la Agencia de Seguridad Nacional

Se han dado a conocer por la prensa independiente más datos sobre las acciones de espionaje de la NSA, Agencia de Seguridad Nacional (NSA, en inglés).

Edward Snowden sigue liberando información colectada por él. Esta vez es sobre el espionaje sin límites por parte de la Agencia de todas y cada una de las conversaciones telefónicas, realizadas en las islas de las Bahamas y desde y hacia las islas. Todo ello sin el consentimiento del gobierno de Bahamas. (Información ofrecida por la página nueva de internet The Intercepter)

Esta vigilancia se produce a través del sistema secreto denominado SOMALGET, que es parte del programa de monitoreo de la NSA MYSTIC. MYSTIC que chequea conversaciones en otros países como Méjico, Kenya y otros no revelados por Snowden.

Según información adquirida a través de la prensa independiente en Estados Unidos, la NSA ha estado espiando a más de 250 millones de personas en cinco diferentes países extranjeros.

Resulta que la justificación que brinda la agencia en este caso es que el sistema de vigilancia ha ayudado a la Agencia Anti-narcóticos (DEA en inglés) detectar cabecillas de la droga. Lo cierto es que no se han conocido o al menos el gobierno de los Estados Unidos no ha dado a conocer, operaciones exitosas en colaboración con otros países, donde este sistema de vigilancia haya jugado un papel relevante o decisivo. Sí ha habido logros en la detección del tráfico de drogas, pero en ello han jugado un papel importante el factor humano, o sea agentes encubiertos.

El Twitter Cubano y la Agencias Norteamericanas

Si hay algo que le deseamos al pueblo cubano son cambios que conduzcan a prosperidad económica y bienestar personal, que completarían otros alcanzados en educación y otras esferas, sin imitar ningún otro modelo extranjero. Ese es el sentir de muchos cubanos de adentro y de afuera.

Recientemente la isla de Cuba apareció de nuevo en las noticias de Estados Unidos por una información de Prensa Asociada sobre un supuesto Twitter cubano, que de acuerdo a informaciones confirmadas, no tenía nada de cubano. Resultó ser un programa secreto ejecutado por contratistas norteamericanos bajo compañías fantasmas creadas en el extranjero para dar la falsa imagen de una red social surgida internamente; intentaban colectar los datos de los usuarios para manipularlos con fines políticos y subvertir el gobierno de la isla.

Las recientes revelaciones de Edward Snowden sobre los programas de vigilancia a gobiernos y compañías de otros países, confirman lo que ya se ha venido denunciando sobre operaciones encubiertas con fachadas de agencias norteamericanas de cooperación, desarrollo, etc.

Los cambios sociales bajo cualquier sistema deben darse espontáneamente. A veces se toma más tiempo que el deseado, a veces menos, pero lo que es inadmisible es que se provoquen y/o se auspicien por intereses extranjeros.

Agradezcamos a Edward Snowden una vez más por desenmascarar las intervenciones y campañas sucias de las agencias como la NSA para implantar la hegemonía en el mundo.

James Risen, el periodista de New York Times

En Diciembre del 2009, la Casa Blanca emitió un documento llamado Open Government, A Progress Report to the American People (Gobierno Abierto, un Informe sobre el Progreso al Pueblo Americano, aparece en internet)

En su primera página aparece en claras letras las palabras del Presidente Obama en su discurso de inauguración como Presidente el 21 de Enero del 2009:

"Mi administración está comprometida a crear un nivel sin precedentes de apertura en el gobierno. Trabajaremos juntos para asegurar la confianza pública y establecer un sistema de transparencia, participación pública y colaboración. La apertura fortalecerá nuestra democracia y promoverá eficiencia y efectividad en el gobierno"

Aquellas palabras inspiraron a muchos, yo incluida, para comenzar una era, en la que podríamos denunciar lo incorrecto y la corrupción. Pero poco tiempo después, sufrimos la desilusión de que no sólo las cosas no cambiarían, sino que empeorarían para los que creímos una vez en el slogan de campaña de Obama "el sueño en que creemos" un ejemplo de lo antes señalado es la situación del periodista James Risen que se encuentra disputando una orden judicial, que lo obliga a testificar en el juicio contra un ex empleado de la CIA, que según las autoridades es sospechoso de revelar información para su libro.

En el 2006, bajo la administración de George W. Bush, James Risen, ganador del Premio Pulitzer publicó el libro "State of War: The Secret History of the CIA and the Bush Administration" ("Estado de Guerra: La Historia Secreta de la CIA y la Administración Bush"), donde señala que la administración Bush ha transformado Afganistan en un 'narco estado' y la revelación sobre la situación con el abandono de agentes de la CIA en Iran, cuyos nombres fueron revelados por el error de la agencia y abandonados a su suerte. Esto último ha sido negado por oficiales de inteligencia.

En esa época la Casa Blanca se interesó en Risen y comenzó un proceso de investigación alegando que la fuente que proporcionó información para el libro había sido el ex-empleado la CIA Jeffrey Sterling, que en la actualidad está en espera de ser procesado por el Departamento de Justicia de Obama bajo la ley de Espionaje de 1917.

Como señala el Center for Media and Democracy (el Centro de Medios y Democracia), "irónicamente la Administración Bush desistió del empeño" pero el caso fue retomado por el equipo de Obama y ahora tanto el ex empleado de la CIA como Risen han sido llevados a juicio, Sterling acusado de traición y Risen con cargos de desacato a la corte por negarse a revelar la fuente de la información.

Los hechos hablan más que las palabras o documentos de la Casa Blanca. Vale mencionar que basado en los hechos, Obama ha procesado y/o encarcelado más whistleblowers (denunciantes) que todas las administraciones anteriores.

Como el mismo RISEN apuntó en la apertura de la conferencia homenaje a George Polk: "La administración Obama es el más grande enemigo de la libertad de prensa que hemos encontrado en por lo menos una generación" y continuó diciendo "los enjuiciamientos agresivos de la administración han creado una Ley Oficial Secreta de facto y la prensa ha sido extremadamente tímida al responder. (cita tomada de Prensa Independiente y traducida al español)

El 12 de Julio del 2013, el Departamento de Justicia dio a conocer lo que llamó Revisión de las Nuevas Políticas para los Medios Noticiosos.

El documento de 7 páginas, no garantiza la seguridad de los periodistas, más bién los ata a los criterios del gobierno en su definición de "asegurar la seguridad nacional, efectividad en hacer cumplir la ley y una justa aplicación de la ley".

Yo razono que si el cambio de las nuevas reglas del juego son para proteger los periodistas, la actual administración podría resolver la falta de balance entre la libertad de prensa y el poder del gobierno.

Así mismo, el documento limita la solicitud de información esencial, minimiza las indagación de información entre otros, pero también y lo más peligroso de las nuevas pólizas es que se le da toda la potestad al Procurador General para ordenar la investigación de entidades de los medios y/o a su personal, sin notificación previa, basado en que se considere que lo que se hace pone en peligro la seguridad nacional.

Dado infinidad de preguntas y dudas acerca del documento, Eric Holden, el Procurador General de la Administración Obama, convocó un encuentro "off the récords" (extra oficial) al que se negaron a asistir representantes de medios como el Buró McClatchy de Washington DC, el editor ejecutivo de Times, el vocero de Prensa Asociada (AP) quien comentó que no había razón para reunirse con Holden de forma extraoficial, y que ellos enviarían por escrito sus opiniones sobre las nuevas regulaciones. Igualmente CNN rechazó la invitación a esta reunión.

Podemos juzgar por todos estos acontecimientos que el "gobierno abierto y la política de transparencia de Obama se esfumaron y nadie sabe a donde fueron a parar.

James Risen además de obtener un Premio Pulitzer ha sido un periodista que se ha dedicado a investigar y reportar la labor de las agencias de inteligencia por años.
Entre sus artículos recientes más conocidos están:

- NSA Collecting Millions of Faces from Web Images
- Spying by NSA
- NSA Report Outlined Goals for more Power
- In Test Proyect NSA Tracked Cellphone Location
- Report Indicates More Extensive Cooperation by Microsoft on Survilliance
- NSA Gathers data on Social Connections of US Citizen

Todos estos artículos denuncian los procedimientos excesivos, los abusos y las violaciones de los derechos ciudadanos cometidos por las agencia de Inteligencias de Estados Unidos con el dinero de los contribuyentes en nombre de la "Seguridad Nacional".

"La Guerra es una estafa"

-Gral. Smedley-

A juzgar por el título, cualquiera pudiera pensar que estamos hablando de las presentes guerras. La de Irak, la de Afghanistan, las intervenciones como las de Libya, Siria, Egipto y no recuerdo cuantas otras.

Pero no, este título pertenece al del libro del Mayor General Smedley Butler del Cuerpo de Marines de los Estados Unidos. El fue el único condecorado con la Medalla Brevet y dos veces con la medalla de Honor, ambas obtenidas en acciones separadas. Al final de su carrera había recibido 16 medallas, cinco de las cuales por heroísmo.

Butter también se convirtió en un conferencista en defensa de la paz, contra las ganancia que generan las guerras para sus creadores, contra el aventurismo y contra lo que el consideró el comienzo del fascismo en Estados Unidos. Fue orador en eventos organizados por pacifistas y desde 1935 a 1937 fue el vocero de la Liga Americana por la Paz y contra el Fascismo.

En 1935 escribió su libro LA GUERRA ES UNA ESTAFA una denuncia a la ganancia que existe detrás de cada guerra.

En su libro, el señala y cito: "Es posible que la guerra sea la forma más antigua de sacar provecho y la más viciosa"... "donde las ganancias se recaudan en dólares y las perdidas en vidas".

Butter se refirió a cómo con las guerras se apropian de nuevas naciones, donde sus gentes son sometidas al nuevo poder.

Reveló con sarcasmo que "la factura resulta en una cuenta espantosa, es decir más terrenos para tumbas, cuerpos mutilados, mentes quebrantadas, hogares rotos y economía devastada."

Explicó que por años, como soldado, tenía sospechas del provecho que unos cuantos obtenían de las guerras, pero que lo comprobó al pasar a la vida civil y vio cómo ya se estaban confabulando para otra más y tomando partido.

Con claridad expone cómo las palabras patriotismo y servicio al país son utilizadas por los que sacan provecho, ocultando las verdaderas preconcebidas intenciones. Y cita como ejemplo que en 1916 Woodrow Wilson fue reelegido presidente de los Estados Unidos con una campaña basada en no a la guerra, pero a los cinco meses de establecerse en la Casa Blanca, pidió al Congreso declararle la guerra a Alemania.

Mencionó como los grupos de poder obtienen mucho de las guerras, ellos son banqueros, fabricantes de todo tipo de armas, inversionistas, Wall Street, y traficantes de armas, entre otros.

El Mayor General Butler murió en 1940, meses después del estallido de la II Guerra Mundial. Lo que trató que la generación de la época entendiera, se comprobó y se sigue comprobando en el presente, aun con más elementos.

Desde que conocí y leí este libro, me vengo preguntando por qué los libros de Historia de nuestra escuelas norteamericanas, no incluyen la vida y acción del General Butler como ejemplo a seguir. ¿Será porque informarle a nuestros niños de sus acciones e ideas, afecta los intereses privados y los ingresos del Complejo Militar Industrial y/o las agendas presidenciales?

Butler concluye su libro con las palabras "¡Al Diablo con la Guerra!"

No sería extraordinario, que el pueblo norteamericano se llenara de valor y se opusiera a participar en guerras injustas, intervencionistas y genocidas. Ya hay militares que se han negado porque comprobaron personalmente que cuando matan no lo hacen por la seguridad nacional, sino para beneficio de los intereses del gobierno/corporaciones.

A fin de cuentas las vidas inocentes perdidas y los soldados muertos por falsas causas se han ganado ese derecho.

Bibliografía y
Materiales consultados

Artículos de prensa independiente: Truthout, Counterpounch, Voice of Dissent, Alternet, POGO

Noticias de New York Times y Washington Post

Libros:

Obedience to Authority por Stanley Milgram

The Snowden files por Luke Harding

No place to Hide por Glenn Greenwald

A User's Guide to USA PATRIOT Act

Censored 2011, 2012, 2014 por Project Censored

Chomsky on Miseducation por Donaldo Macedo

The Death and Life of the Great American School System por Diane Ravitch

The End of Education por Neil Postman

You have no Rights por Matthew Rothschild

Anti-intelectualism in American Life por Richard Hofstadter

Wikileaks and the Age of Transparency por Andrew Raslel

The American Police State: The Government Against the People por David Wise

Hopeless:Barack Obama and the Politics of Illusion por Jeffrey St Clair